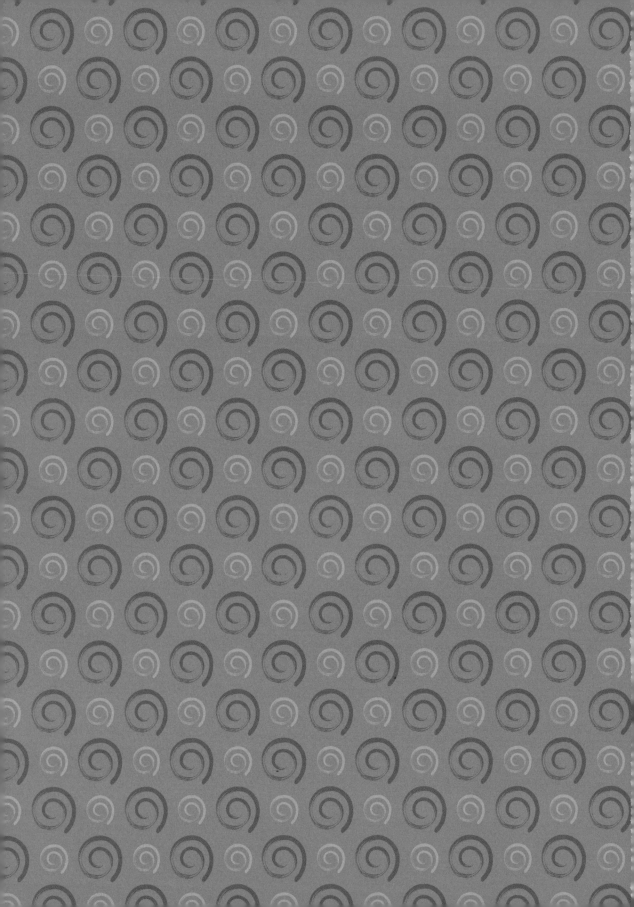

Carlsen Manga! News – jeden Monat neu per E-Mail!
www.carlsenmanga.de
www.carlsen.de

Wir behalten uns die Nutzung unserer Inhalte für Text- und Data-Mining im Sinne von § 44b UrhG ausdrücklich vor.

CARLSEN MANGA
Deutsche Ausgabe/German Edition
© Carlsen Verlag • Hamburg 2024
Völckersstraße 14–20, 22765 Hamburg

Aus dem Französischen von Monja Reichert
Les recettes cachées de NARUTO SHIPPUDEN
©2002 MASASHI KISHIMOTO / 2007 SHIPPUDEN
All Rights Reserved.
©2022 Huginn & Muninn / Dargaud, 2022, by Sanae
www. http://huginnmuninn.fr
All rights reserved
Redaktion: Anne Berling
Textbearbeitung: Ina Schiele
Satz: Ronny Willisch
Produktionsmanagement: Gunta Lauck
Alle deutschen Rechte vorbehalten
ISBN: 978-3-551-80303-0

DIE VERBORGENEN REZEPTE

VORWORT	9
JAPANISCHE ZUTATEN	10
WO FINDET MAN JAPANISCHE PRODUKTE?	12

FLEISCHGERICHTE

ICHIRAKU-RAMEN	16
GRILLEN MIT ASUMA	26
DAS CURRY DES LEBENS	32
DIE NIKUMAN DES GRÖSSTEN ESSERS (NARUTO VS. CHOJI)	36
TSUKEMEN	40
GEBRATENE ENTE NACH ITACHI-ART	44

VEGETARISCHE GERICHTE

PAINS VEGGIEMAN AUS AMEGAKURE	50
UMEBOSHI ONIGIRI	54
CHOJI-CHIPS	58
SPIRALKARTOFFELN AUS KONOHAGAKURE	62
JABARA-KYURI-SALAT	64

FISCHGERICHTE

INARIZUSHI	70
CHAHAN NACH ITACHI-ART	76
YAKISOBA MIT SAI-TINTE	80
NARUTOMAKI	82
SENSEI NO TENDON	86
ONIGIRI-TRIO	90
GEGRILLTE MAKRELE NACH KAKASHI-ART (SABA SHIOYAKI)	94
KITSUNE UDON	98
TAKOYAKI DES BIJU	104

DESSERTS

ANKO	110
HANAMI DANGO	114
ANKO MITARASHI DANGO	118
WÜSTENSANDGEBÄCK	122
EIS VON JIRAIYA	124
SAKURA ANMITSU	126
UZUMAKI-DAMPFNUDELN	130
HYOROGAN BUBBLE TEA	136
AMEGAKURE MOCHI	140
GAMAMOCHI UND GAMABUNTA	142
NARUTOMAKI-COOKIES	148
EXPLOSIVE NERIKIRI	152
DIE ROSE VON AMEGAKURE	156
DIE NINJA-GEBURTSTAGSTORTE	158
ZENZAI	162
ZUTATENVERZEICHNIS	166
DANKSAGUNG	168

VORWORT

VON SANAE

Am 21. September 1999 wurde NARUTO zum ersten Mal in Japan veröffentlicht, bevor einige Jahre später, im Jahr 2002, der erste Band in Frankreich erschien.

Der Geburtstag des Mangas und meiner liegen nur sechs Tage auseinander. Naruto war der erste Anime, den ich im Alter von sechs Jahren im Fernsehen gesehen habe. Ich erinnere mich, dass ich mir danach alle DVDs besorgt und die Bände in Buchhandlungen und Bibliotheken durchstöbert habe.

Da ich ein schüchternes kleines Mädchen war, haben mich Narutos Selbstbewusstsein und sein Mut immer sehr inspiriert. Er hat mich dazu ermutigt, auf andere zuzugehen, mir Ziele und Leidenschaften zu suchen und mich ihnen voll und ganz zu widmen.

In diesem Alter entdeckte ich auch meine Liebe zum Kochen und zu Wohlfühlgerichten, die Verbundenheit schaffen. Ich träumte davon, die Ramen im Ichiraku-Nudelshop zu probieren, die Grillabende mit Asuma und Choji ließen mir das Wasser im Mund zusammenlaufen und ich fragte mich, wie wohl die dreifarbigen Spieße schmecken würden, die Itachi und Izumi miteinander teilten.

Ich lernte fleißig kochen, vor allem Gerichte der japanischen Küche. Eines Tages begann ich, meine kulinarischen Erfolge und Misserfolge zu filmen, und beschloss, sie auf den Social-Media-Kanälen zu veröffentlichen.

Und nun hat mich dieser Weg über die Netzwerke dazu gebracht, anlässlich des 20. Naruto-Shippuden-Jubiläums ein Kochbuch rund um das Naruto-Shippuden-Universum zu schreiben.

Naruto hat mir in wichtigen Lebensphasen Antrieb gegeben. Ihr könnt euch also vorstellen, wie sehr ich mich gefreut habe, dieses Projekt umzusetzen und mich mit einem ebenso motivierten Team in dieses Abenteuer stürzen zu können.

In diesem Buch findet ihr Rezepte für einige der typischen Naruto-Shippuden-Gerichte, zum Beispiel Ichiraku-Ramen, aber auch eigene Kreationen, die durch die Naruto-Shippuden-Welt inspiriert wurden.

Ich habe versucht, diese Rezepte der japanischen Küche für alle zugänglich zu machen, auch für Anfänger. Es gibt am Anfang des Buches eine Auflistung japanischer Zutaten und ein paar (Online-)Geschäfte, in denen man sie finden kann. Außerdem gibt es auch Tipps, die euch bei der Zubereitung helfen können.

Ich liebe Ichiraku-Ramen und die Yakiniku-Q-Grillgerichte. Dieses Essen ist einfach wahnsinnig lecker – und eine große Schüssel mit dampfenden Ramen kann nach einem anstrengenden Tag unglaublich aufbauend sein, genau wie das gemütliche Beisammensein mit Freunden an Grillabenden, die sowohl zur Belohnung als auch zur Stärkung der Motivation bestens geeignet sind.

Die Naruto-Saga ist für mich ein aufmunterndes und warmherziges Werk. Sie ist eine Serie, die ihre Fans dazu ermutigt, ihre Träume zu verwirklichen. Daher hoffe ich, dass dieses Buch euch auch dieses Gefühl vermittelt und dass ihr bald all das essen könnt, was euch vielleicht, so wie mir, vor den Bildschirmen immer das Wasser im Mund zusammenlaufen lässt.

JAPANISCHE ZUTATEN

»EUCH BEI DER UMSETZUNG DIESER REZEPTE BESTMÖGLICH ZU UNTERSTÜTZEN, DAS IST MEIN NINDO: MEIN NINJA-WEG!«

Der Wortschatz der japanischen Küche kann kompliziert und manchmal sogar hinterlistig sein, vor allem, wenn ein und derselbe Name im Asia-Shop für verschiedene Zutaten steht. Da die Beschaffung von asiatischen Produkten nicht immer einfach ist, habe ich diesem Index einige Empfehlungen von Geschäften und Online-Shops beigefügt, in denen ich normalerweise einkaufe und in denen ihr alles finden könnt, was ihr braucht.

AJITSUKE TAMAGO: Mariniertes Ei, das unter anderem als Beilage für Ramen verwendet wird

AONORI: Getrockneter Seetang, der in Flocken als Gewürz verwendet wird

AZUKI(-BOHNE): Eine in Ostasien verbreitete Sorte kleiner roter Bohnen, die vor allem wegen ihrer Verwendung zur Herstellung von roter Bohnenpaste beliebt ist

BONITOFLOCKEN (KATSUOBUSHI): Bonito ist eine Fischart, die zuerst geräuchert und dann getrocknet und zu Flocken gerieben wird. Die getrockneten Bonitoflocken (auf Japanisch Katsuobushi) werden häufig für Brühen verwendet und gelten als beliebte Garnierung.

CHASHU: Das japanische Chashu basiert auf einem chinesischen Rezept und ist ein Gericht aus in aromatisierter Garflüssigkeit geschmortem Schweinefleisch. Es ist vor allem als Beilage zu Nudel- und Ramen-Gerichten bekannt.

DAIKON: Eine japanische Rettichsorte. Roh kommt seine leichte Schärfe, die jedoch milder als die des Roten Rettichs ist, am besten zur Geltung.

DASHI: Dashi ist eine japanische Brühe, die als Grundlage für viele Gerichte der japanischen Küche dient, insbesondere für Suppen. Mit Dashi bekommt man Umami-Geschmack, Grundzutat können je nach Variante getrockneter Bonito oder auch Kombu-Algen sein.

INARIAGE: Gebratene Tofutasche mit süß-salzigem Geschmack

JAPANISCHE HÜHNERBRÜHE: Im Gegensatz zu dem im Westen verbreiteten Hühnerbrühe-Pulver zeichnet sich das japanische durch die klare Farbe der damit zubereiteten Brühe und einen gut zur asiatischen Küche passenden Geschmack aus.

KANTEN: Eine japanische Agar-Agar-Art, die sich durch die Algenart von herkömmlichem Agar-Agar unterscheidet

KINAKO: Mehl aus gerösteten Sojabohnen

KOMBU: Eine Algenart, die meist getrocknet erhältlich ist und in der japanischen Küche häufig verwendet wird, z. B. für die Zubereitung von Brühe

LILA SÜSSKARTOFFEL: Süßkartoffelsorte mit lila Fruchtfleisch

MATCHA-PULVER: Japanischer Grüntee in Pulverform

MEHL AUS KLEBREIS: Es gibt verschiedene Arten von Mehl aus Klebreis. Die in diesem Buch erwähnten Sorten sind Mochiko und Shiratamako. Diese beiden Mehlsorten werden zwar aus derselben Reissorte gewonnen, unterscheiden sich jedoch in der Herstellungstechnik. Mochiko hat eine eher pulverige und Shiratamako eine eher körnige Konsistenz.

MENMA: Bambussprossen, die in Suppen wie Ramen als Topping verwendet werden

MIRIN: Eine Art Reiswein, der in der japanischen Küche sehr verbreitet ist. Von Sake unterscheidet er sich durch seinen geringeren Alkoholgehalt und seinen süßeren Geschmack.

MISO: Eine fermentierte Sojabohnenpaste. Es gibt verschiedene Arten von Miso, die bekanntesten sind rotes Miso (Akamiso) und weißes Miso (Shiromiso). Ersteres zeichnet sich durch einen stärkeren Geschmack aus, der auf eine längere Fermentierung zurückzuführen ist, während Letzteres weniger salzig und im Geschmack milder ist.

NARUTOMAKI: Eine Art Kamaboko (Rolle aus Fischfleisch, die sich durch ihren bunten Teig, oft rosa und weiß, auszeichnet). Der Narutomaki hat eine rosa Spiralform in seiner Mitte.

NORI: Seetang, der meist in Form von getrockneten Blättern verkauft wird und vor allem für die Zubereitung von Maki (Makizushi) oder auch Onigiri verwendet wird.

RAMEN-NUDELN: Das Besondere an Ramen-Nudeln ist, dass sie mit Kansui zubereitet werden, einer alkalischen Lösung, die ihnen die feste und zugleich elastische Konsistenz verleiht.

SAKE: Japanischer Reiswein mit einem hohen Alkoholgehalt

SCHMETTERLINGSERBSEN-BLÜTE: Diese Blume, die ursprünglich aus Ostasien stammt und für ihre wohltuende Wirkung bekannt ist, zeichnet sich auch durch die blaue Farbe aus, die sie Getränken verleiht, wenn sie als Aufguss zubereitet wird.

SHAOXING-REISWEIN: Traditioneller chinesischer Wein, der durch die Fermentation von Klebreis gewonnen wird

SHICHIMI TOGARASHI: Eine japanische Gewürzmischung, die aus sieben Zutaten besteht. Die mäßige Schärfe von Shichimi Togarashi eignet sich perfekt zum Würzen verschiedenster Gerichte.

SHIITAKE: Eine in Asien weitverbreitete Pilzart

TONKOTSU: Brühe, die aus Schweineknochen gewonnen wird. Sie dient insbesondere als Grundlage für die Zubereitung von Tonkotsu-Ramen.

UBE: Yamswurzel-Sorte mit violettem Fruchtfleisch

UDON-NUDELN: Udon werden aus Weizen zubereitet und sind deutlich dicker als Ramen.

UMEBOSHI: Salzpflaume; in Salzlake eingelegte Ume-Früchte

WASABIPULVER: Wasabipulver wird zwar als Wasabi bezeichnet, besteht aber hauptsächlich aus Meerrettich. Um daraus die Paste zu erhalten, die normalerweise zu Sushi gereicht wird, vermischt man etwas Wasser mit dem Pulver.

YAKISOBA-NUDELN: Yakisoba ist ein japanisches Nudelgericht aus Weizenmehl, das mit Soße, Gemüse und anderen Beilagen angebraten wird. Im Buch bezieht sich der Begriff »Nudeln« für Yakisoba auf vorgekochte Nudeln, die nur noch angebraten werden müssen und so besonders gut für die Zubereitung von Yakisoba geeignet sind.

WO FINDET MAN JAPANISCHE PRODUKTE?

Die gängigsten asiatischen Produkte wie Reiswein,
Miso oder auch Wasabi findet man normalerweise in asiatischen
Lebensmittelgeschäften und Kleinläden oder in der
»exotischen Abteilung« einiger Supermärkte.

Seltenere japanische Produkte, die in normalen
Asialäden nicht zu finden sind, können im Internet auf
folgenden Seiten bestellt werden:

Auf asiatische Produkte spezialisierte Geschäfte
asianfoodlovers.de
mao-mao.de
asia4friends.de

Auf Tee spezialisierte Geschäfte
yoshien.com

Fachgeschäft für japanische Küchenutensilien und -zubehör
oryoki.de

FLEISCH-GERICHTE

ICHIRAKU-RAMEN

Die Ramen-Gerichte in der Gaststätte Ichiraku gehören zu den beliebtesten Spezialitäten des Dorfes Konohagakure und Narutos absoluten Lieblingsgerichten. Eine schmackhafte Tonkotsu-Miso-Brühe, Nudeln, Chashu-Scheiben, Ajitsuke Tamago (Ramen-Eier), Menma, ein paar Stücke Nori-Seetang, etwas Lauchzwiebel und natürlich ein paar Scheiben Narutomaki: Das sind Ichiraku-Ramen. Es ist ein sehr zeitaufwendiges Rezept und einiges muss schon einen Tag zuvor vorbereitet werden. Nicht umsonst hält Naruto Ramen für eine Kunst, die es zu beherrschen gilt! Aber wenn ihr euch ranhaltet und dranbleibt, wird sich das Ergebnis lohnen und ihr werdet am Ende mit einer Schüssel selbst gemachter Ramen belohnt!
Dann werdet ihr verstehen, warum Ramen in Konohagakure so beliebt sind.

MENGE
3 Portionen

ZUTATEN
3 Portionen Ramen-Nudeln
3 Eier
1 Lauchzwiebel
1,5 Blatt Nori-Alge
6 Scheiben Narutomaki
(siehe Rezept auf Seite 82)
ein paar Eiswürfel

CHASHU
1 kg Schweinebauch
15 cl Sojasoße
7,5 cl Sake
5 cl Mirin
3 EL Zucker
4 Knoblauchzehen
20 g frischer Ingwer
1 Lauchzwiebel

TONKOTSU-BRÜHE
1 kg Schweineknochen
2 Lauchzwiebeln
1 Zwiebel (gelb)
6 Knoblauchzehen
20 g frischer Ingwer

DASHI-BRÜHE
1 ca. 10 cm breiter Streifen Kombu
1 Handvoll getrocknete Bonitoflocken
2 getrocknete Shiitake-Pilze

MISO TARE
4 EL rotes Miso
1 EL Sojasoße
2 EL Mirin
1 EL Sake
1 EL Sesamöl
1 TL brauner Zucker

MENMA
200 g in Scheiben geschnittene Bambussprossen
1 TL japanisches Hühnerbrühe-Pulver
1 TL Sojasoße
2 TL Sake
1 TL Zucker
Sesamöl

ZUBEREITUNG

- Beginnt am Vortag mit der Zubereitung der Tonkotsu- und der Dashi-Brühe, dabei könnt ihr euch auch in Ruhe um den Rest eurer Ramen-Vorbereitungen kümmern. Die Tonkotsu-Brühe braucht zwar etwas Zeit, aber am Ende lohnt es sich und schmeckt umso besser.

- Ihr bedeckt dafür die Schweineknochen in einer kleinen Schüssel mit Wasser und schüttet das Wasser weg, sobald es sich durch das Blut verfärbt hat. Das erleichtert euch den nächsten Schritt.

TIPP

Für diese Brühe solltet ihr am besten Oberschenkelknochen vom Schwein verwenden. Wenn ihr keine bekommt, eignen sich auch andere Schweineknochen, die man normalerweise in Metzgereien und Supermärkten kaufen kann.

- Legt die Knochen nun in einen Topf und bedeckt sie mit Wasser. Bringt das Ganze anschließend zum Kochen.

- Wenn das Wasser anfängt zu brodeln, bilden sich nach und nach Verunreinigungen an der Oberfläche, die ihr abschöpfen solltet. Ab dem Zeitpunkt dauert dieser Schritt etwa 5 bis 10 Minuten.

- Wenn keine Verunreinigungen mehr zu sehen sind, gießt ihr die Knochen durch ein Sieb ab und schüttet das trübe Wasser weg. Dieser Schritt dient dazu, die Knochen von Unreinheiten zu befreien und eine klarere Brühe zu erhalten.

- Trotzdem sind die Knochen für die Brühe noch nicht ganz fertig und müssen weiter gereinigt werden. Während ihr sie mit Wasser spült, entfernt die restlichen Nerven und das Mark. Ihr könnt die Reste von Fleisch und Fett auch auf den Knochen lassen.

- Legt sie in einen Topf und gießt 1,5 Liter Wasser dazu. Danach bringt ihr das Ganze bei mittlerer Hitze zum Kochen.

- Sobald alles kocht, könnt ihr die halbierten Lauchzwiebeln, die geschälte und halbierte Zwiebel sowie die geschälten Knoblauchzehen und den Ingwer dazugeben.

- Deckt den Topf zu und lasst ihn bei mittlerer Hitze 12 Stunden lang kochen. Alles muss richtig kochen, damit die Knochenbestandteile, die der Brühe ihren Geschmack verleihen, zersetzt werden. Wenn ihr das Wasser auf diese Weise kochen lasst, wird der Wasserpegel schnell sinken und ihr müsst regelmäßig eine ausreichende Menge Wasser nachgießen.

- Nutzt die lange Kochzeit für die Zubereitung des Dashi, das die Brühe ergänzt. Gießt dafür 50 cl Wasser in einen Topf, gebt ein Stück Kombu und die Pilze hinzu, und während die Tonkotsu-Brühe köchelt, lasst ihr Kombu und Pilze für das Dashi ziehen. Am besten über Nacht.

TIPP

In asiatischen Läden und Lebensmittelgeschäften werden in der Regel Verpackungen mit getrockneten Shiitake-Pilzen verkauft. Ich empfehle euch, Pilze mit Rissen im Pilzhut zu wählen, da diese ihr Aroma besser freisetzen.

- Nachdem ihr Kombu und Pilze habt einweichen lassen, stellt ihr alles bei niedriger Hitze auf den Herd. Kurz bevor das Wasser aufkocht, nehmt ihr den Topf von der Herdplatte.

- Entfernt Kombu und Pilze aus der Brühe und gebt die getrockneten Bonitoflocken hinzu. Bringt das Ganze wieder auf kleiner Flamme zum Köcheln. Dann könnt ihr den Topf vom Herd nehmen und die Brühe filtern, damit kein getrockneter Bonito darin zurückbleibt.

Die letzte Zutat, die die Brühe eurer Ramen vervollständigt, ist Miso Tare – wie in den beliebten Ichiraku-Ramen, die ihre Aromen aus einer Miso-Tonkotsu-Brühe gewinnen.

- Um Miso Tare zuzubereiten, vermischt in einem Topf Miso, Sojasoße, Mirin, Sake, Sesamöl und Zucker. Stellt den Topf bei mittlerer Hitze auf den Herd und lasst ihn unter ständigem Rühren heiß werden. Ihr könnt den Topf nach 5 Minuten vom Herd nehmen und das Miso Tare auf die Seite stellen.

Sobald die Brühe auf dem Herd vor sich hin köchelt und alle weiteren Zutaten für die Brühe vorbereitet sind, könnt ihr euch um die Beilagen kümmern.

- Beginnt mit der Zubereitung des Chashu-Schweines. Entfernt die Haut vom Bruststück und versucht dabei, das Fett zwischen der Haut und dem Fleisch nicht zu beschädigen. Ziel ist, dass das Chashu-Stück durch eine Fettschicht geschützt bleibt. Entfernt dann das überschüssige Fleisch oder Fett von der Oberseite des Bruststücks, um eine gleichmäßige, ebene Fläche zu erhalten.

- Wenn das Fleisch fertig vorbereitet ist, rollt es eng zusammen und schnürt es wie einen Braten mit Küchengarn ein, damit die Stücke beim Schneiden nicht auseinanderfallen. Der Schweinebauch sollte allerdings nicht zu fest verschnürt werden, da sonst die Fettschicht, die ihn umgibt, beschädigt wird.

- Fettet nun den Boden eines Schmortopfes mit Öl ein und bratet die Schweinerolle darin bei mittlerer Hitze an. Es dauert nur wenige Sekunden, bis die Oberfläche leicht gebräunt ist, ohne dass die Fettschicht zu schmelzen beginnt. Gebt sofort 70 cl Wasser, Sojasoße, Sake, Mirin und Zucker mit in den Topf. Das Fleisch muss jedoch nicht vollständig mit dieser Mixtur bedeckt werden.

- Bringt alles zum Kochen und fügt dann die geschälten Knoblauchzehen und den Ingwer sowie die halbierte Lauchzwiebel hinzu. Verringert die Hitze und lasst das Ganze 2 Stunden lang köcheln. Während des Kochens sollte das Fleisch regelmäßig gewendet werden, ungefähr alle 30 Minuten.

- Nach zwei Stunden nehmt ihr das Chashu aus dem Topf und lasst es zusammen mit der Kochflüssigkeit abkühlen. Ist die Flüssigkeit abgekühlt, gießt ihr drei Viertel davon in einen Behälter oder am besten in einen Gefrierbeutel und legt das Chashu hinein. Der letzte Schritt besteht darin, das Fleisch über Nacht im Kühlschrank marinieren zu lassen. Dann kann es geschnitten werden und die Schüssel mit Ramen zieren.

Die Marinade eignet sich übrigens auch perfekt für Eier, die Ajitsuke Tamago.

- Bringt in einem Topf so viel Wasser zum Kochen, dass die Eier bedeckt werden. Sobald das Wasser kocht, stellt ihr die Temperatur so ein, dass die Schalen nicht brechen. Danach legt ihr die Eier nacheinander vorsichtig mit einer Schöpfkelle ins Wasser.

- Die Eier 7 Minuten lang kochen, dann herausnehmen und sofort in eine Schüssel mit Wasser und Eiswürfeln legen, um den Kochprozess zu stoppen. Lasst die Eier in Eiswasser abkühlen. Das kann 10–15 Minuten dauern.

- Wenn die Eier abgekühlt sind, schält ihr sie vorsichtig und legt sie zusammen mit der restlichen Marinade nacheinander in einen Plastikbeutel. Stellt das Ganze zusammen mit dem Chashu über Nacht in den Kühlschrank.

Jetzt könnt ihr euch an die Zubereitung der Menma machen, der Bambussprossen, die ihr zu euren Ramen serviert. Diese unverzichtbare Beilage ist am schnellsten von allen herzurichten, daher könnt ihr die Zubereitung auch als letzten Schritt einplanen.

- Mischt in einer Schüssel 2,5 cl Wasser, japanisches Hühnerbrühe-Pulver, Sojasoße, Sake und Zucker.

- Fettet eine Pfanne mit einem Schuss Sesamöl ein. Erhitzt sie auf mittlerer Stufe, bevor ihr die Bambussprossen hinzufügt. Bratet die Bambussprossen 1–2 Minuten an, ohne sie zu bräunen.
- Gießt die vorher zubereitete Mischung über die Bambussprossen und rührt um, bis die Flüssigkeit vollständig verdampft ist.

Die Menma sind fertig, ihr könnt sie beiseitestellen und die Ramen zubereiten.

- Kocht die Nudeln wie auf der Verpackung beschrieben und stellt sie dann beiseite.
- Schneidet das Chashu in dünne Scheiben. Wenn ihr die Möglichkeit habt, bräunt sie zuerst leicht mit einem Flambier-Brenner.
- Schneidet die Ajitsuke Tamago in zwei Hälften. Hackt die Lauchzwiebel.
- Schneidet die Nori-Algenblätter in 9 rechteckige Stücke. Damit das einfacher geht, könnt ihr sie falten und dann den Faltmarkierungen folgen.
- Filtert die Tonkotsu-Brühe nach 12 Stunden Kochzeit, gebt die von den Knochen befreite Brühe zurück in den Topf und fügt die Dashi-Brühe hinzu. Während ihr die Ramen zubereitet, könnt ihr den Topfinhalt auf mittlerer Hitze weiterköcheln lassen, um die angenehme Wärme der Brühe zu bewahren.

Nun könnt ihr eure Ramen anrichten!

- In den Boden jeder Schale kommt ein Esslöffel Miso Tare. Falls die Brühe nicht salzig genug für euren Geschmack ist, könnt ihr gegebenenfalls noch mit etwas Miso Tare nachwürzen.
- Gießt nun die Tonkotsu-Brühe in die Schale und rührt alles um, um das Miso Tare zu verdünnen. Probiert die Brühe und passt die Menge an Brühe und Miso Tare eurem Geschmack an.
- Gebt je eine Portion Nudeln in die Brühe. Dekoriert mit 3 Stücken Nori-Algen. Fügt dann die Chashu-Scheiben hinzu. Die Ramen-Schale im Ichiraku-Imbiss enthält meist 6 bis 7 Scheiben Fleisch.
- Legt das halbierte Ei, die Bambussprossen, die Narutomaki-Scheiben und die Lauchzwiebeln hinzu.

Die Ramen sind fertig. Genießt die heiße Suppe!

GRILLEN MIT ASUMA

Neben dem Ichiraku-Nudelshop ist das Grillrestaurant Yakiniku Q
einer der Orte in Konohagakure, an denen ich am liebsten essen gehen würde.
Die Grillabende mit Choji, Shikamaru, ihren Freunden und natürlich Asuma-sensei bieten
einfach so gesellige und natürlich auch appetitliche Momente! Wenn ihr euch
wie Choji mit gegrilltem, in Soße getunktem Fleisch den Bauch vollschlagen wollt,
wird dieses Rezept eure Erwartungen erfüllen.

MENGE

2 Portionen

ZUTATEN

300 g falsches Filet vom Rind
1 große weiße Zwiebel
5 große Shiitake-Pilze
Salatblätter nach Belieben

YAKINIKU-SOSSE

3 EL Sojasoße
1 EL Mirin
1 TL Honig
1 TL Sesamöl
2 Knoblauchzehen
1 TL weiße Sesamsamen

ZUBEREITUNG

- Bereitet die Yakiniku-Soße zu. Schält dafür die Knoblauchzehen und reibt sie fein. Verrührt in einem Topf bei mittlerer Hitze die Sojasoße, Mirin, Honig, Sesamöl und Knoblauch. Sobald die Mischung zu kochen beginnt, schaltet ihr die Temperatur runter und lasst alles 3 Minuten köcheln.

- Nehmt den Topf vom Herd und lasst die Soße 10 Minuten stehen.

- Wenn die Yakiniku-Soße abgekühlt ist, wird sie gefiltert, damit keine Knoblauchrückstände zurückbleiben.

- Röstet die Sesamsamen in einer Pfanne bei mittlerer bis großer Hitze, bis sie goldbraun sind. Die gerösteten Samen anschließend in die Soße geben.

- Legt die Salatblätter auf einem Teller bereit und gebt das parallel zur Muskelfaserrichtung fein geschnittene Fleisch dazu. Schneidet dann die Zwiebel in Ringe und legt sie mit den geputzten Pilzen auf einen weiteren Teller.

Jetzt könnt ihr euer Fleisch grillen und es in eine Soße dippen, genau wie im Grillrestaurant Yakiniku Q. Kleiner Extra-Tipp: Wickelt euer Fleisch in ein Salatblatt, das verleiht dem Geschmackserlebnis Frische und Knackigkeit!

DAS CURRY DES LEBENS

Rock Lee ist ein Ninja, der sich von anderen Ninjas unterscheidet – angefangen damit, dass er kein Ninjutsu beherrscht. Dies macht er jedoch durch Entschlossenheit, Stärke und Ausdauer wett, was sich auch in seiner Widerstandsfähigkeit gegenüber scharfen Speisen zeigt. Er ist tatsächlich einer der wenigen Menschen, die das »Curry des Lebens« vertragen können und zu schätzen wissen. Ein Gericht, das so scharf ist, dass es selbst die schwächste Person wieder auf die Beine bringt. Wenn ihr euch bereit fühlt, diese Herausforderung anzunehmen, findet ihr hier das Rezept.

MENGE
3 Portionen

ZUTATEN
2 Hähnchenschenkel
1 große Zwiebel
1 Karotte
2 mittelgroße Kartoffeln
1 rote Chilischote
1 EL geriebener Knoblauch
1 EL geriebener Ingwer
2 TL Kurkuma (Pulver)
110 g scharfes, japanisches Currypulver (gepresst)
1 Anisstern
2 Stücke Zartbitterschokolade
Sonnenblumenöl
Salz und Pfeffer

ZUBEREITUNG

- Entfernt von den Hähnchenschenkeln die Knochen und schneidet das Fleisch anschließend in Stücke. Schält die Zwiebel und schneidet sie in dünne Scheiben, die Karotte in dicke Scheiben und die Kartoffeln in Würfel. Danach schneidet ihr die Chilischote klein und raspelt den Knoblauch und den Ingwer.

- Nun gebt ihr einen Schuss Öl in einen Topf und erhitzt es auf niedriger Stufe. Gebt den Knoblauch, den Ingwer und die Chilischote hinzu. Sobald sie anfangen, Farbe zu bekommen, fügt ihr die Zwiebelscheiben hinzu.

- Rührt alles um, bis die Zwiebeln glasig werden, dann gebt ihr die Karotte und die Kartoffelstücke hinzu.

- Das Ganze wird mit Wasser aufgegossen und zum Kochen gebracht. Dann die Temperatur runterdrehen und das Ganze zugedeckt köcheln lassen.

- Gebt etwas Öl in eine Pfanne und stellt sie auf mittlere Hitze. Wenn das Öl heiß ist, bratet die Hähnchenteile darin an, bis sie eine goldbraune Farbe annehmen.

- Gebt das Hähnchen zusammen mit Anisstern und Kurkumapulver in den Topf. Lasst es 30 Minuten lang köcheln.

- Mischt dann Currypulver hinzu, die Zartbitterschokolade und einen halben Teelöffel gemahlenen schwarzen Pfeffer. Rührt alles unter die Masse und erhöht die Hitze auf mittlere Stufe.

- Lasst das Curry 5–10 Minuten köcheln, bis es eingedickt ist.

Das Curry ist fertig. Serviert es mit einer großzügigen Portion japanischem Reis und bereitet euch auf ein genussvolles Erlebnis vor!

DIE NIKUMAN* DES GRÖSSTEN ESSERS (NARUTO VS. CHOJI)

*japanische Dumplings/Dampfnudeln

In Episode 309 von Naruto Shippuden veranstalten Naruto und Choji während einer Mission einen Wettbewerb darum, wer von ihnen der größte Esser ist, und müssen dabei so schnell wie möglich einen Berg kleiner Dampfnudeln verputzen. Es ist ziemlich frustrierend zu sehen, wie sie sich unter dem Druck des Wettkampfes durchfuttern, ohne das Essen wirklich zu genießen.

MENGE

24 Nikuman

ZUTATEN

TEIG

275 g Mehl
1 EL feiner Zucker
1 TL Backhefe

FÜLLUNG

250 g gehacktes Rindfleisch
1 EL geriebener Knoblauch
1 TL geriebener frischer Ingwer
4 EL gehackte Lauchzwiebel
½ TL gemahlener schwarzer Pfeffer
2 EL Sojasoße
1 EL Shaoxing-Reiswein
1 EL Öl
½ TL Salz

ZUBEREITUNG

- Verrührt zunächst 15 cl Wasser, den Zucker und die Backhefe. Gießt diese Mischung über das bereitstehende Mehl und rührt sie nach und nach unter.

- Knetet den so entstandenen Teig weitere 8 Minuten mit der Hand.

- Formt aus dem Teig eine Kugel und bedeckt sie in der Schüssel mit Frischhaltefolie, um zu verhindern, dass sie der Luft ausgesetzt wird. Den Teig 1,5 Stunden bei Raumtemperatur ruhen lassen.

- Während der Teig ruht, bereitet ihr die Füllung zu. Reibt dazu einen Esslöffel Knoblauch und einen Teelöffel Ingwer. Danach hackt ihr die Lauchzwiebel fein.

- Vermischt Rindfleisch, Knoblauch, Ingwer, Lauchzwiebel, Salz, Pfeffer, Sojasoße, Reiswein und Öl. Die Füllung ist fertig.

- Wenn der Teig aufgegangen ist, knetet ihn leicht durch, um die Luft herauszulassen und ihn geschmeidig zu machen. Anschließend den Teig in walnussgroße Kugeln teilen.

- Drückt den Teig zu ca. 1 cm dicken Scheiben zusammen. In die Mitte jeder Teigscheibe gebt ihr etwa einen Esslöffel der Füllung.

- Nun werden die Nikuman geschlossen, indem ihr mit den Rändern die Füllung bedeckt und sie nach und nach in die Mitte zieht, indem ihr sie in einer kreisförmigen Bewegung zusammendreht. Von oben betrachtet sollte die Form der Nikuman an eine Spirale erinnern.

- Legt einen Dampfkorb mit Backpapier aus, legt die Nikuman hinein und dämpft sie 12 Minuten lang.

Wenn die Nikuman fertig sind, könnt ihr sie gestapelt präsentieren und euch einen Wettbewerb darum liefern, wer der größte Esser ist, oder ihr bleibt vernünftig und genießt sie in eurem eigenen Tempo!

TSUKEMEN

Ich erinnere mich an eine besondere Episode, in der Naruto im Ichiraku ausnahmsweise mal enttäuscht wird. An diesem Tag haben der Restaurantbesitzer und seine Tochter Ayame die Ramen von der Karte gestrichen und servieren nur noch Tsukemen … Eine Tragödie! Der größte Unterschied zwischen diesen beiden Nudelgerichten, die mit Brühe serviert werden, besteht darin, dass bei den Tsukemen die Brühe separat serviert wird. Naruto ist so clever und findet die Lösung: alle separaten Zutaten mischen und daraus einfach eine Schüssel Ramen machen – sehr zum Leidwesen von Ayame. Dies hier ist also ein Rezept für alle, die im Gegensatz zu Naruto nichts gegen Tsukemen haben.

MENGE

3 Portionen

ZUTATEN

3 Portionen Ramen-Nudeln

Tonkotsu-Brühe
(siehe Rezept auf Seite 17)

12 Scheiben Chashu
(siehe Rezept auf Seite 17)

200 g Menma
(siehe Rezept auf Seite 17)

3 Scheiben Narutomaki
(siehe Rezept auf Seite 82)

MISO TARE

8 EL rotes Miso

2 EL Sojasoße

4 EL Mirin

2 EL Sake

2 EL Sesamöl

2 TL brauner Zucker

ZUBEREITUNG

- Beginnt mit der Zubereitung der Tonkotsu-Brühe, die aus einer Brühe aus Schweineknochen und einer Dashi-Brühe besteht.

- Bereitet die Nudeln gemäß der Kochanweisungen auf der Verpackung zu. Der Hauptunterschied zwischen Ramen und Tsukemen ist die Art und Weise, wie die Nudeln angerichtet und gemischt werden. Bei Tsukemen werden die Nudeln und die Brühe getrennt serviert. Die Brühe dient hier also dazu, die Nudeln zu tunken. Das Zusammenkleben der Nudeln wird verhindert, indem sie nach dem Kochen in ein Sieb gegeben und unter fließendem Wasser abgespült werden, denn so wird die überschüssige Stärke entfernt.

- Nach den Nudeln kümmert ihr euch um das Miso Tare. Da die Brühe zum Eintunken der Nudeln dient, bereitet ihr hier mehr Miso Tare zu, um es würziger zu bekommen. Vermischt in einem Topf Miso, Sojasoße, Mirin, Sake, Sesamöl und Zucker. Stellt den Topf anschließend bei mittlerer Hitze auf die Herdplatte und lasst alles unter Rühren heiß werden. Nehmt den Topf nach 5 Minuten vom Herd und stellt das Miso Tare beiseite.

- Nun richtet ihr die Tsukemen an. Verteilt die vorher abgetropften Nudelportionen auf die Schüsseln und garniert anschließend jede Schüssel mit 4 Scheiben Chashu, Menma und einer Scheibe Narutomaki. Gebt 1,5 bis 2 Esslöffel Miso Tare in eine separate Schüssel, dann die Brühe, und rührt das Miso Tare unter. Schmeckt alles ab und passt die Brühe nach Belieben durch Hinzufügen von mehr Miso Tare an.

Die Tsukemen sind jetzt fertig. Ihr könnt sie nach allen Regeln der Kunst genießen, indem ihr jeden Bissen vor dem Essen in die Brühe tunkt, oder aber ihr schließt euch Naruto an und gießt die Brühe einfach frech über eure Nudeln. Ich bin schließlich nicht Ayame und werde nicht versuchen, euch daran zu hindern.

GEBRATENE ENTE NACH ITACHI-ART

Von den Gerichten, die Itachi für Sasuke zubereitet hat, als sie noch Kinder waren, ist die gebratene Ente das beeindruckendste. Itachi galt als Wunderkind, und es scheint, dass er nicht nur in Sachen Ninja-Techniken ein Überflieger war.

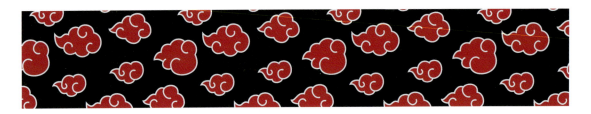

MENGE

4 Portionen

ZUTATEN

1 ganze, ausgenommene Ente (ca. 1,5 kg)

1 EL Fünf-Gewürze-Pulver

1 EL gemahlener schwarzer Pfeffer

1,5 EL Salz

1 Lauchzwiebel

30 g frischer Ingwer

5 Knoblauchzehen

2 EL Honig

1 EL Sojasoße

1 EL Sesamöl

Maizena®

1 Liter Sonnenblumenöl

Salatblätter nach Belieben

ZUBEREITUNG

- Wascht die Ente und trocknet sie gut ab, um überschüssige Feuchtigkeit aufzunehmen.

- In einem Schälchen mischt ihr das Fünf-Gewürze-Pulver, den schwarzen Pfeffer und das Salz. Reibt damit die Ente auf der gesamten Hautoberfläche und auch im Inneren ein.

- Schält die Knoblauchzehen und den Ingwer, schneidet sie zusammen mit der Lauchzwiebel in grobe Stücke und legt alles in das Innere der Ente. Lasst die Ente 4 Stunden bei Zimmertemperatur marinieren.

- Sobald die Ente alle Aromen aufgenommen hat, dünstet sie in einem Dampfkorb 1 bis 1,5 Stunden (je nach Größe der Ente), ohne vorher die Kräutergarnitur oder die Marinade zu entfernen. Als Beispiel: Eine 2-kg-Ente sollte 1,5 Stunden garen.

- Während die Ente gart, verrührt ihr den Honig, die Sojasoße und das Sesamöl in einer Schüssel und stellt die Mischung beiseite.

- Wenn die Ente gar ist, lasst sie abkühlen, bevor ihr sie mit Maizena® (Speisestärke) bestreut. Verwendet nicht zu viel Stärke, sie dient nur dazu, das Fleisch knuspriger zu machen, und nicht als Panade. Daher sollte sich keine dicke Paste auf der Haut der Ente bilden.

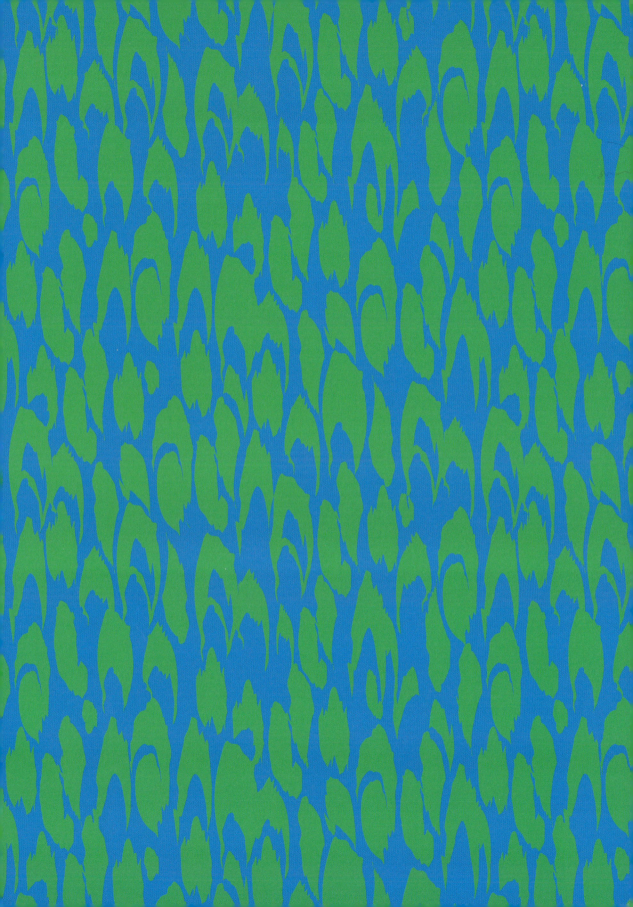

- Erhitzt in einem Wok das Speiseöl auf ca. 160 °C, aber nicht über 180 °C. Legt die Ente in das heiße Öl und gießt mit einer Schöpfkelle das Öl über die Ente – auf diese Weise ist ein gleichmäßiges Anbraten garantiert. Die Ente ist fertig, wenn die Haut schön gebräunt ist.
- Bestreicht die Ente mithilfe eines Pinsels mit der Soße.

Ihr könnt die Ente auf einem Teller auf Salatblättern servieren. Ich weiß, dass das Rezept nicht einfach zuzubereiten ist, vor allem nicht für Kinder. Aber vielleicht hätte Itachi ja eine vielversprechende Karriere als Koch eingeschlagen, wenn er sich nicht der Akatsuki-Gruppe angeschlossen hätte.

PAINS VEGGIEMAN AUS DEM DORF AMEGAKURE

Pain ist das Oberhaupt des Dorfes Amegakure, das für seinen ständigen Regen bekannt ist. Aber das Dorf ist auch für eine kulinarische Spezialität bekannt: gedämpfte Dampfnudel-Brote, die Jiraiya ganz besonders liebt! Ich möchte euch eine Version dieser Spezialität aus Amegakure vorstellen, als Hommage an den berühmten Koch und ehemaligen Schüler des Eremiten.

MENGE

12 Veggieman

ZUTATEN

TEIG
100 g lila Süßkartoffel
250 g Mehl
15 cl Milch
1 TL feiner Zucker
1 TL Backhefe

FÜLLUNG
200 g Pak Choi
10 dünne Shiitake-Pilze
1 TL geriebener Knoblauch
1 TL geriebener frischer Ingwer
1 TL vegetarische Austernsoße
1 TL Sojasoße
¼ TL schwarzer Pfeffer
1 EL Sesamöl

ZUBEREITUNG

Für den Teig schält ihr die Süßkartoffel und schneidet sie in Stücke, bevor ihr sie 20 Minuten lang dampfgaren lasst. Die Kartoffelstücke müssen gut durchgegart sein und dann mit einem Pürierstab sehr fein püriert werden.

- Vermischt in einer Schüssel Milch, Zucker und Backhefe. Anschließend gießt ihr diese Mischung in einer Rührschüssel auf das Mehl und rührt sie dabei nach und nach unter.

- Danach gebt ihr das Süßkartoffelpüree hinzu und verrührt es, bevor ihr den Teig weitere 8 Minuten mit der Hand durchknetet.

- Formt den Teig zu einer Kugel, legt sie in eine Schüssel und bedeckt sie mit Frischhaltefolie, damit sie nicht der Luft ausgesetzt ist. Lasst den Teig 1,5 Stunden bei Raumtemperatur ruhen.

Während der Teig ruht, bereitet ihr die Füllung vor.

- Hackt den Pak-Choi fein und schneidet die Shiitake-Pilze in kleine Stücke.

- Gebt etwas Sesamöl zum Einfetten in einen Wok und erhitzt es auf höchster Stufe. Den geriebenen Knoblauch und Ingwer darin anbraten, umrühren und dann den Pak Choi, die Shiitake-Pilze, die vegetarische Austernsoße, die Sojasoße und den Pfeffer hinzugeben. Bratet alles einige Minuten bei starker Hitze an, bis der Kohl anfängt, weich zu werden. Er sollte am Ende der Garzeit allerdings noch knackig sein.

- Schmeckt die Füllung ab und würzt sie gegebenenfalls nach.

- Nach dem Aufgehen des Teigs knetet ihr ihn gut durch, damit die Luft entweicht und er geschmeidig wird. Den Teig in Kugeln mit einem Durchmesser von ungefähr 7 cm teilen.

- Die Kugeln werden dann zu etwa 1 cm dicken Scheiben platt gedrückt. Gebt die Füllung in die Mitte jeder Scheibe und schließt die Teigscheiben, indem ihr die Füllung mit den Rändern bedeckt, diese zur Mitte hin zusammenzieht und zusammenkneift. Wenn ihr die Ränder zusammengedrückt habt, formt ihr den Teig wieder zu einer Kugel.
- Legt die Veggieman in einen Dampfkorb und lasst sie 12 Minuten lang garen. Danach sind die Dampfnudel-Brote aus dem Dorf Amegakure fertig!

UMEBOSHI ONIGIRI

Onigiri scheinen bei Sasuke sehr beliebt zu sein.
Er mag sie, weil sie besonders gesund sind, und man sieht ihn sogar während seines Trainings Onigiri essen. In ihrem Inneren befindet in diesem Fall eine erstaunliche rote Zutat namens Umeboshi, eine fermentierte japanische Pflaume, die für ihre medizinische Wirkung bekannt ist.

MENGE

3 Onigiri

ZUTATEN

100 g japanischer Rundkornreis
6 Onogiri
1 Nori-Algenblatt

ZUBEREITUNG

- Onigiri sind gefüllte Reisbällchen. Um den japanischen Reis zuzubereiten, gebt ihr ihn in eine Schüssel und spült ihn in kreisenden Bewegungen mit Wasser ab. Dieser Vorgang sollte dreimal wiederholt werden.
- Bedeckt den Reis mit Wasser und lasst ihn eine halbe Stunde lang einweichen.
- Gebt ihn anschließend in ein Sieb und lasst ihn 30 Minuten lang stehen.
- Dann gebt ihr den Reis in einen Topf und gießt 15 cl Wasser hinzu. Bei starker Hitze und offenem Topf zum Kochen bringen. Sobald das Wasser zu kochen beginnt, den Topf mit dem Deckel abdecken, auf niedrige Temperatur runterschalten und 1 Stunde lang köcheln lassen.

- Sobald der Reis fertig ist, schaltet ihr den Herd aus, ohne aber den Deckel vom Topf zu nehmen, und lasst das Ganze etwa 15 Minuten ruhen. Dadurch kühlt der Reis ab und kann später besser geformt werden.
- Den Deckel abnehmen und den Reis vorsichtig mit einem Spatel umrühren.
- Für die Füllung entsteint ihr die Umeboshi und zerdrückt sie mit einer Gabel. Das Endergebnis muss nicht unbedingt homogen sein, daher könnt ihr ein paar Stücke auch ganz lassen, um eine bessere Konsistenz im Mund zu haben.
- Taucht eure Hände in Wasser, damit der Reis nicht daran kleben bleibt, bestreut sie mit ein wenig Salz und nehmt eine kleine Menge Reis in die Hand. Bringt ihn in eine dreieckige Form, indem ihr ihn vorsichtig zusammendrückt.
- Drückt ein Loch in die Mitte vom Reis und legt ein wenig zerdrückte Umeboshi hinein. Anschließend mit Reis abdecken und erneut zu einem Dreieck formen.
- Schneidet das Nori-Blatt der Breite nach in vier Teile und drückt anschließend das Ende jedes Streifens in die Mitte der Onigiri. Dann wickelt ihr unter jedes Reis-Dreieck die Alge. Auf diese Weise lassen sich die Onigiri besser greifen – sehr praktisch, wenn ihr sie auf Missionen oder zum Training mitnehmen wollt! Und das bietet sich an, da Onigiri schließlich für ihre stärkende Wirkung bekannt sind.

CHOJI-CHIPS

Wenn es in Konohagakure einen Ninja gibt, der für seine Schlemmerei bekannt ist, dann ist das zweifellos Choji Akimichi. Er ist für seinen großen Appetit bekannt und wird auch oft dabei gesehen, wie er eine Tüte Chips verschlingt, wenn er nicht gerade am Grill steht. Hier ist ein Rezept für selbst gemachte Chips mit Grillgeschmack.

MENGE

400 g Chips

ZUTATEN

300 g Kartoffeln
1 TL geräuchertes Paprikapulver
1 TL Knoblauchpulver
½ TL Shichimi-Togarashi-Pulver
1 TL gemahlener schwarzer Pfeffer
½ Blatt Nori-Alge
2 EL Aonori
1 TL Salz
1 ½ TL Rohrzucker
Sonnenblumenöl zum Braten

ZUBEREITUNG

- Schält zuerst die Kartoffeln und schneidet sie dann in möglichst dünne Scheiben.

TIPP

Um hauchdünne Scheiben zu schneiden, könnt ihr auch zum Sparschäler oder zu einem Küchenhobel greifen!

- Legt die Kartoffelscheiben für 5 Minuten in einen Topf mit Wasser. Rührt dann die Kartoffeln um, bis das Wasser trüb wird, und lasst sie in einem Sieb abtropfen. Auf diese Weise wird die überschüssige Stärke aus den Kartoffeln gezogen.
- Legt die Kartoffelscheiben auf ein Küchentuch und tupft sie trocken, dadurch werden sie am Ende noch knuspriger.
- Sobald die Kartoffeln trocken getupft sind, frittiert ihr sie, bis sie goldbraun werden.
- Wenn die Chips fertig sind, legt sie auf ein mit Küchenpapier ausgelegtes Sieb.
- Verarbeitet die Gewürzmischung, den Zucker und das Salz im Mixer zu einem groben Pulver. Separat auch die Nori-Alge zu Pulver mahlen.
- Legt die Chips in eine Schüssel und bestreut sie mit der Gewürzmischung und Aonori oder dem Nori-Algenpulver. Mischt sie gut, damit auch wirklich alle Chips gut gewürzt werden.

Jetzt könnt ihr wie Choji den ganzen Tag lang Chips futtern!

SPIRALKARTOFFELN AUS KONOHAGAKURE

Diese mit Wasabi gewürzten Spieße sehen aus und schmecken wie ein grüner, krasser Tornado, der euch an einen bestimmten Vorfall erinnern dürfte. Eine passende Hommage an Rock Lee, meint ihr nicht auch?

MENGE

4 Spieße

ZUTATEN

4 große Kartoffeln
30 g Mehl
2 TL Salz
2 EL + 1 TL Wasabipulver
4 EL Knoblauchpulver
5 EL Aonori
Sonnenblumenöl

ZUBEREITUNG

- Putzt die Kartoffeln sehr gründlich, denn die Schale bleibt dran. Steckt anschließend jede einzeln auf einen Spieß.
- Schneidet nun die Kartoffeln in einer kreisförmigen Bewegung von oben nach unten rings um die Spieße so dünn wie möglich durch.
- Jetzt müsstet ihr jede aufgespießte Kartoffel zu einer Spirale ausziehen können. Geht dabei vorsichtig und langsam vor, damit die Kartoffel nicht abbricht.
- In einer Schüssel mischt ihr dann das Mehl, 10 cl Wasser, 1 TL Salz und 1 TL Wasabipulver zu einer homogenen Paste.
- Anschließend gebt ihr mit einem Löffel diese Paste auf die Spieße. Die Kartoffeln müssen gut damit ummantelt sein.
- Taucht die Spieße sofort in bei mittlerer Temperatur erhitztes Öl. Der Ölstand sollte mindestens bis zur unteren Hälfte der Spieße reichen. Dreht die Spieße regelmäßig um, damit sie gleichmäßig gebraten werden. Wenn die Kartoffeln goldbraun sind, holt ihr sie aus dem Öl und legt sie auf ein Küchenpapier.
- In einer Schüssel werden ein Teelöffel Salz, Knoblauchpulver, 2 Esslöffel Wasabipulver und Aonori vermischt.
- Würzt die noch heißen Kartoffelspieße mit dieser Gewürzmischung.

JABARA-KYURI-SALAT

Orochimaru ist eine ikonische Figur, die in der Story immer wieder auftaucht und stets im Schatten lauert. Als Hommage an den Schlangenmeister haben wir hier ein Gericht für euch, das sich hervorragend als Beilage oder als Vorspeise eignet. Jabara Kyuri (Jabara-Gurke) ist ein etwas ungewöhnlicher Gurkensalat, der sich durch die verwendete Schneide-Technik auszeichnet! Das Wort »Jabara« bezieht sich auf den Bauch einer Schlange und das Gericht heißt deshalb so, weil die Gurke einer Schlange ähnelt, die sich über den Teller schlängelt. Wenn ihr das Ganze mit einem Goma-Dare-Dressing auf Sesambasis serviert, habt ihr ein Gericht, das die Formen und Farben dieser reptilienähnlichen Figur feiert.

ZUBEREITUNG

- Schneidet die Gurken so, dass ihr die typische Schlangenform erhaltet. Dazu nehmt ihr zwei Stäbchen zu Hilfe, die ihr auf beiden Seiten einer Gurke platziert, um sie an Ort und Stelle zu halten, und schneidet sie dann dünn auf, indem ihr das Messer leicht anwinkelt. Danach dreht ihr die Gurke um und schneidet sie auch auf der anderen Seite dünn ein, aber diesmal im rechten Winkel.
- Bestreut die Gurken in einer Schüssel mit Salz und lasst sie 15 Minuten lang abtropfen. Durch dieses Vorgehen werden sie knackiger.
- Spült die Gurken danach unter fließendem Wasser ab, um Salzrückstände zu entfernen, und tupft sie mit Küchenpapier trocken. Dann beiseitestellen.
- Weicht die Wakame-Algen in einer Schüssel 5 Minuten lang in kaltem Wasser ein. Dann abtropfen lassen und beiseitestellen.
- Schneidet den Rettich in möglichst dünne Scheiben.
- Bereitet nun das Goma-Dare-Dressing zu. Zunächst wird Tahini, eine Creme auf Sesambasis, hergestellt, indem die weißen Sesamsamen in einer Pfanne bei mittlerer Hitze 5 Minuten lang angeröstet werden. Fett oder Öl muss nicht hinzugefügt werden. Anschließend mahlt ihr die Sesamsamen im Mixer zu einem feinen Pulver und fügt dann löffelweise das Sonnenblumenöl hinzu, wobei ihr die Paste zwischen jeder Zugabe weiter mixt. Zum Schluss gebt ihr das Salz hinzu. Es sollte eine geschmeidige, flüssige und dicke Paste entstehen.

MENGE

1 Portion

ZUTATEN

3 Mini-Gurken

1 TL Salz

2 g getrocknete Wakame-Algen

1 Rettich (mild, z. B. »Blue Meat«)

schwarze und weiße Sesamsamen

GOMA-DARE-DRESSING

50 g weiße Sesamsamen

3 EL Sonnenblumenöl

½ TL Salz

1,5 TL Honig

½ EL Sojasoße

3 EL ungesüßter Reisessig

- In einer Schüssel werden Tahini, Reisessig, Honig, Sojasoße und 3 cl Wasser verrührt. Das Goma-Dare-Dressing beiseitestellen.
- Legt die Jabara-Gurken so auf einen Teller, dass sie wie sich schlängelnde Schlangen aussehen. Verteilt hier und da den Wakame-Seetang und die Rettich-Scheiben. Bestreut das Ganze mit schwarzem und weißem Sesam, gießt etwas Dressing darum herum und serviert den Rest separat.

Schlangen sehen immer beeindruckend aus, das macht Orochimaru auch zu einem so markanten Charakter in NARUTO SHIPPUDEN. Dieses Gericht, das an ein Schlangennest erinnert, wird sicherlich auch Eindruck machen!

FISCHGERICHTE

INARIZUSHI

Inarizushi sind frittierte Tofutaschen mit Reis und das Lieblingsessen von Madara Uchiha. Daher gibt es hier ein Rezept für Inarizushi mit Thunfisch und Nori-Algen, die an die Farben der berühmten Pupillen des Uchiha-Clans erinnern.

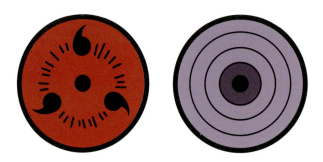

MENGE

8 Inarizushi

ZUTATEN

300 g gekochter japanischer Rundkornreis (ca. 100 g roher Reis, siehe Rezept für Umeboshi Omusubi auf Seite 54)

8 gebratene Tofutaschen (Inariage)

150 g roher Roter Thunfisch

1 Nori-Algenblatt

ZUBEREITUNG

- Zuerst wird der Thunfisch vorbereitet. Legt ihn dazu auf ein Schneidebrett und schneidet ihn in möglichst kleine Würfel.
- Tupft die Tofutaschen ab, um überschüssiges Öl zu entfernen.
- Das Nori-Algenblatt schneidet ihr so, dass circa 1,5 cm lange Streifen entstehen.
- Öffnet die Tofutaschen und füllt sie zu drei Vierteln mit Reis. Passt dabei auf, dass sie nicht reißen.
- Dann gebt ihr vorsichtig einen Esslöffel Roten Thunfisch auf den Reis, sodass die Oberfläche bedeckt ist.
- Streut anschließend die Algen-Streifen darüber.

Die Inarizushi sind fertig. Die Farbe des Roten Thunfischs und die Nori-Alge in der Mitte sollten euch an die Augen eines gewissen Clans erinnern, zu dem auch Madara gehört.

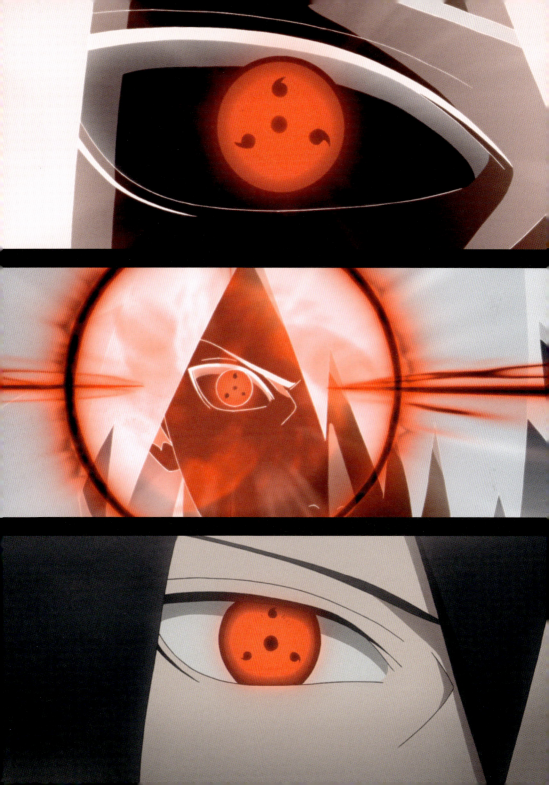

CHAHAN NACH ITACHI-ART

Als Itachi noch ein Kind war, sah man ihn oft, wie er sich um seinen kleinen Bruder Sasuke kümmerte. Als verantwortungsbewusster großer Bruder bereitete Itachi ihm manchmal sogar ganze Mahlzeiten zu und in einer Folge kocht er für ihn ein Festmahl aus mehreren Gerichten, darunter auch die japanische Variante von Chahan, gebratenem Reis. Wenn ihr einen jüngeren Bruder oder eine jüngere Schwester habt, zögert also nicht, ihnen dieses Gericht zuzubereiten, wie der junge Itachi es für seinen Bruder getan hat!

ZUTATEN

300 g gekochter weißer Reis vom Vortag

4 Knoblauchzehen

15 g frischer Ingwer

1 Lauchzwiebel

1 Ei

½ TL MNG (Mononatriumglutamat) nach Belieben

1 EL Sake

1 EL Sojasoße

125 g Krabbenfleisch

Sonnenblumenöl

Salz

ZUBEREITUNG

TIPP

Gebratener Reis ist ein sehr beliebtes Gericht, das meist mit übrig gebliebenem Reis vom Vortag zubereitet wird. Reis, der über Nacht im Kühlschrank geruht hat, ist perfekt dafür. Er hat die bestmögliche Konsistenz und die Körner verklumpen nicht, weil der Reis genügend Zeit zum Trocknen hatte, bevor er ins Fett gegeben wird.

- Schält und reibt den Knoblauch und den Ingwer und schneidet die Lauchzwiebel klein. Das Ei mit einer Prise Salz verquirlen und beiseitestellen.

- Gebt 2 Esslöffel Öl in einen Wok oder eine Pfanne und erhitzt es bei starker Hitze. Sobald das Öl heiß ist, fügt ihr den geriebenen Knoblauch und Ingwer sowie den gehackten weißen Teil der Lauchzwiebel hinzu.

- Wenn der Inhalt des Wok beginnt, eine goldbraune Farbe anzunehmen, gebt das geschlagene Ei mit hinein. Sobald am Rand des Eis Blasen aufsteigen, rührt ihr ununterbrochen, bis das Ei teilweise gekocht ist, aber noch einen Teil der Flüssigkeit aufweist.

- Gebt den Reis hinzu und rührt ihn mit einem Spatel vorsichtig um. Lockert nun den Reis durch Draufklopfen und zerkleinert auch das Ei. Wichtig ist, dass keine kompakten Reisklumpen zurückbleiben.

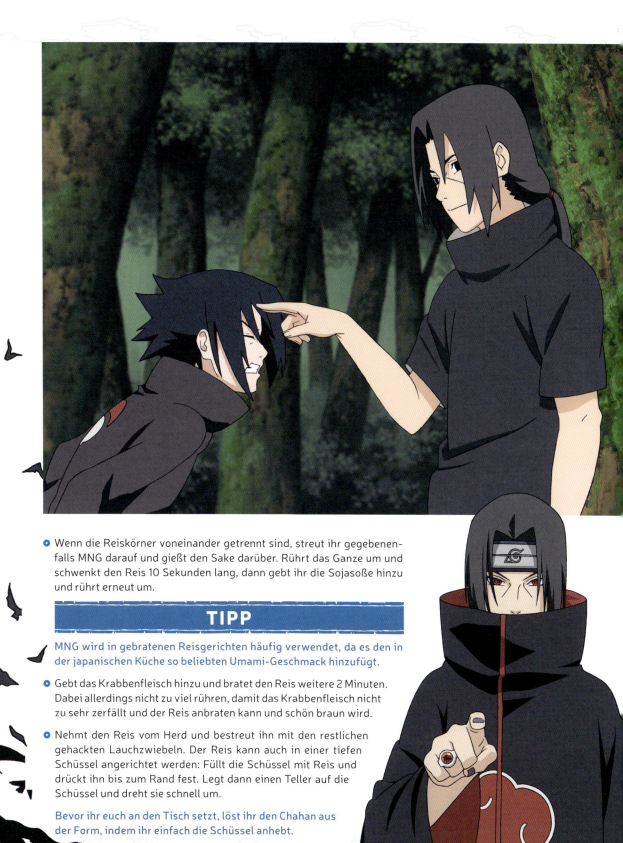

- Wenn die Reiskörner voneinander getrennt sind, streut ihr gegebenenfalls MNG darauf und gießt den Sake darüber. Rührt das Ganze um und schwenkt den Reis 10 Sekunden lang, dann gebt ihr die Sojasoße hinzu und rührt erneut um.

TIPP

MNG wird in gebratenen Reisgerichten häufig verwendet, da es den in der japanischen Küche so beliebten Umami-Geschmack hinzufügt.

- Gebt das Krabbenfleisch hinzu und bratet den Reis weitere 2 Minuten. Dabei allerdings nicht zu viel rühren, damit das Krabbenfleisch nicht zu sehr zerfällt und der Reis anbraten kann und schön braun wird.

- Nehmt den Reis vom Herd und bestreut ihn mit den restlichen gehackten Lauchzwiebeln. Der Reis kann auch in einer tiefen Schüssel angerichtet werden: Füllt die Schüssel mit Reis und drückt ihn bis zum Rand fest. Legt dann einen Teller auf die Schüssel und dreht sie schnell um.

Bevor ihr euch an den Tisch setzt, löst ihr den Chahan aus der Form, indem ihr einfach die Schüssel anhebt.

YAKISOBA MIT SAI-TINTE

Sai ist der jüngste Neuzugang im Team Kakashi. Er ist für sein künstlerisches Talent bekannt, das er auch auf dem Schlachtfeld in Gestalt der Tintenmonster, die direkt aus seinen Gemälden springen, zum Ausdruck bringt. Er ist außerdem für sein kühles, unerschütterliches Temperament bekannt. Daher gibt es nichts Besseres, um ihm Tribut zu zollen, als ein Gericht aus Yakisoba mit schwarzer Tinte: Es erinnert an Pinselstriche, die auf dem Teller statt auf einer Leinwand gezogen sind.

ZUBEREITUNG

- Vermischt die Soßen, die Tintenfischtinte und den Zucker in einer Schüssel, bis sich der Zucker aufgelöst hat. Stellt die Mischung beiseite.
- Bei mittlerer bis starker Hitze den Wok oder die Pfanne mit etwas Öl erhitzen.
- Gebt die ein wenig mit den Fingern aufgelockerten Yakisoba-Nudeln in den Wok und bratet sie 2 Minuten lang an.
- Gebt die Soße dazu und rührt alles 1 Minute lang um.
- Die Yakisoba sind fertig und müssen nur noch auf einem Teller angerichtet werden. Bestreut sie mit Aonori oder fein gehacktem Nori-Algenpulver, ein wenig klein gehackter Lauchzwiebel und schließlich mit getrockneten Bonitoflocken in der Mitte des Tellers. Durch die Hitze bewegen sie sich wahrscheinlich, aber keine Sorge: Es besteht keine Gefahr, dass sie wie Sais Gemälde lebendig werden!

MENGE

1 Portion

ZUTATEN

1 Portion Yakisoba-Nudeln

1 TL feiner Zucker

1 EL Austernsoße

1 EL Sojasoße

2 EL Worcestershire-Soße

1 TL dickflüssige (dunkle) Sojasoße

½ TL Tintenfischtinte

1 TL Aonori

1 TL gehackte Lauchzwiebel

2 TL getrocknete Bonitoflocken

neutrales Öl
(z. B. Sonnenblumenöl oder Rapsöl)

NARUTOMAKI

Naruto wurde nach der Hauptfigur eines von Jiraiya geschriebenen Buches benannt. Und irgendwann stellte sich heraus, dass Jiraiya die Idee zu diesem Namen hatte, während er Ramen aß. Das ist kein Zufall, denn eine der beliebtesten Ramen-Garnierungen ist nichts anderes als Narutomaki! Diese Variante des Fischkuchens, die in Japan unter dem allgemeinen Namen Kamaboko bekannt ist, zeichnet sich durch ihre Blütenform und eine Spirale in ihrer Mitte aus, was im Japanischen den Namen Uzumaki hat.
Ein passenderes Gericht für Naruto zu finden, ist praktisch unmöglich!

MENGE

2 Rollen Narutomaki

ZUTATEN

600 g Weißfisch (Kabeljau)
20 g Mehl
2 cl Mirin
1 Eiweiß
1 TL Salz
rote Lebensmittelfarbe

ZUBEREITUNG

- Zerlegt den Fisch in Stücke und taucht ihn in Eiswasser mit Eiswürfeln. Lasst die Stücke dort 2 Minuten lang ruhen.
- Anschließend die Fischstücke trocken tupfen.

TIPP

Dieser Schritt ist sehr wichtig, benutzt also gerne Küchenpapier zum Trockentupfen!

- Gebt anschließend den Fisch mit Mehl, Mirin, Eiweiß und Salz in einen Mixer. Hackt alles klein, bis es eine gleichmäßige Konsistenz hat.
- Färbt ein Drittel des Teigs mit roter Lebensmittelfarbe ein. Es reicht eine kleine Menge, damit der Teig hellrosa wird.

- Auf eine Makisu, eine Bambusmatte, mit der die Makis gerollt werden, legt ihr nun Frischhaltefolie und streicht die Hälfte des weißen Teigs darauf aus. Die Dicke des Teigs sollte im Idealfall nicht mehr als 3 mm betragen.
- Darauf wird dann eine möglichst dünne Schicht rosafarbenen Teigs verteilt. Glättet den Teig am besten mit den Fingern.
- Rollt das Ganze mithilfe der Makisu oder notfalls einer Backmatte auf, sodass die Frischhaltefolie den Narutomaki umschließt. Glättet die Nahtstelle des entstandenen Teigstrangs, damit der Narutomaki nicht auseinanderfällt.
- Verschließt die Enden, indem ihr die Folie zu einem Knoten bindet.
- Macht das Gleiche mit der anderen Hälfte des weißen Teigs, um eine zweite Rolle herzustellen.
- Legt die Rollen dann in einen Dampfkorb und gart sie 30 Minuten.

TIPP

Wenn ihr eine Bambus-Makisu habt, könnt ihr den gerollten Teigstrang einfach darinlassen und die Rollen mit zwei Gummibändern zusammenhalten. Auf diese Weise erhaltet ihr die für Narutomaki typische gezackte Form.

- Nachdem sie gar sind, taucht man die noch eingewickelten Rollen für einige Minuten in Eiswasser, um sie abzukühlen.
- Dann könnt ihr die Rollen auspacken und in dünne Scheiben schneiden, um sie zusammen mit Ramen zu servieren. Ihr könnt die Narutomaki als Einlage für Suppe oder Bento verwenden.

TIPP

Wenn ihr die Narutomaki-Rollen nicht am selben Tag essen könnt oder möchtet, könnt ihr sie nach dem Kochen in Folie gewickelt bis zu 3 Tage im Kühlschrank aufbewahren.

SENSEI NO TENDON

油

Jiraiya, der der Mentor vieler Ninjas war, trägt seltsamerweise ein Stirnband, das nicht das Symbol des Dorfes Konohagakure zeigt, sondern das Kanji 油 für abura, was »Öl« bedeutet. Dies lässt uns an seine Zugehörigkeit zum Berg Myoboku, dem Krötenberg, und zu den dort lebenden Kröten denken. Öl ist auch ein Element, das der Berg-Eremit zu seinem Vorteil nutzt, um seine Katon-Techniken zur Feuerbeherrschung zu verstärken. Welches Gericht könnte ihn besser würdigen als das auch als Tempura Donburi bezeichnete Tendon?

MENGE

1 Portion

ZUTATEN

1 Schale gekochter japanischer Rundkornreis (siehe Rezept für Umeboshi Omusubi, Seite 54)

2 große Garnelen

3 Scheiben Aubergine

2 Scheiben Süßkartoffel

1 Scheibe Lotuswurzel

2 Shiso-Blätter

1 Blatt Nori-Alge

Mehl

1 EL Lachseier

Sonnenblumenöl zum Frittieren

TEMPURA-TEIG

50 g Mehl

1 kaltes Ei

1 Prise Salz

ZUBEREITUNG

- Entfernt als Erstes die Schale der Garnelen und lasst den Schwanz dran, damit ihr sie besser greifen könnt.
- Schält dann das Gemüse und schneidet es in dünne Scheiben. Tupft es sorgfältig trocken, um überschüssige Feuchtigkeit aufzunehmen.
- Rollt die Garnelen und das Gemüse in etwas Mehl, das ihr vorher gesiebt habt.
- Bereitet dann alles zum Frittieren vor. Bereitet den Tempura-Teig zu, indem ihr in einer Schüssel 10 cl kaltes Wasser und das Ei gut vermischt.

TIPP

Um den Teig so locker und knusprig wie möglich zu machen, müssen alle Zutaten kalt sein. Stellt also einige Zeit vor Beginn der Zubereitung das Wasser und das Ei ins Gefrierfach bzw. in den Kühlschrank.

- Die Mischung aus Wasser und Ei nach und nach in das zuvor gesiebte und gesalzene Mehl einrühren, am besten mithilfe von Stäbchen. Diese sorgen dafür, dass weniger Luft in den Teig gelangt und er nicht zu sehr vermischt wird – am besten formt ihr beim Vermengen mit den Stäbchen eine Acht. Rührt nur so lange, bis die Mischung aus Wasser und Ei trotz eventueller Klümpchen in das Mehl eingearbeitet ist. Die Klümpchen sind nicht schlimm, und durch das wenige Rühren wird der Teig geschmeidiger, was wichtig ist.
- Taucht dann das Gemüse und die Garnelen nacheinander in den Teig und gebt alles für etwa 2 Minuten in das heiße Öl, die Lotuswurzel für 4 Minuten. Die Shiso-Blätter werden rausgenommen, sobald der Teig goldbraun wird.

TIPP

Um den Teig kalt zu halten, während die einzelnen Stücke frittiert werden, stellt die Schüssel am besten in einen mit Eiswasser und/oder Eiswürfeln gefüllten Behälter.

- Zum Servieren legt ihr die frittierten Zutaten und die Lachseier auf den Reis, der zuvor in eine Schüssel gefüllt wurde. Bestreut das Ganze anschließend mit dem in Streifen geschnittenen Nori.

Nun könnt ihr eine Schüssel mit köstlich knusprigem Tempura Donburi genießen!

ONIGIRI-TRIO

Das ursprüngliche Team 7, bestehend aus Naruto, Sakura, Sasuke und dem Teamleiter Kakashi, vermissen wir in NARUTO SHIPPUDEN. Mit einem Hauch von Nostalgie biete ich euch deshalb diese Auswahl an Onigiri an, die jeweils einem unserer drei Hauptcharaktere entsprechen. Onigiri sind praktisch zum Mitnehmen und werden von den Teams oft während der Missionen gegessen.

MENGE

3 Stück

ZUTATEN

300 g gekochter japanischer Rundkornreis (ca. 100 g roher Reis, siehe Rezept für Umeboshi Omusubi, Seite 54)

1 Ei

50 g Weißfisch (Kabeljau)

150 g rohes Lachssteak

2 EL Mirin

1 EL Zucker

1 TL Salz

rosa Lebensmittelfarbe

1 TL rotes Basilikum

1 TL schwarze Sesamsamen

Sesamöl

ZUBEREITUNG

- Bereitet zuerst den japanischen Reis zu.

- Danach kümmert ihr euch um die Füllung, indem ihr das Lachssteak mit so viel Salz einreibt, dass die gesamte Oberfläche damit bedeckt ist. Danach bratet ihr es in einer mit Backpapier ausgelegten Pfanne bei mittlerer Hitze. Legt das Lachssteak zuerst mit der Hautseite in die Pfanne und lasst es 3 Minuten braten. Dann dreht ihr es um und lasst es weitere 2 Minuten braten.

- Ist der Lachs fertig, legt ihr ihn auf einen Teller und zerdrückt ihn mit einer Gabel. Passt dabei aber auf, dass ihr ihn nicht zu Brei zerdrückt, sondern in kleinen Stückchen lasst. Nun könnt ihr den Lachs beiseitelegen und euch um die Reismischungen kümmern.

- Bereitet ein Rührei zu, indem ihr das Ei mit Stäbchen in einer heißen Pfanne mit ein paar Tropfen Sesamöl und einer Prise Salz anrührt. Danach stellt ihr es beiseite.

- Hackt das rote Basilikum fein und stellt es ebenfalls beiseite.

- Nun bereitet ihr Sakura Denbu, eine Art rosa Fischpulver, zu. Kocht dazu zunächst den Weißfisch in kochendem Wasser bei mittlerer Hitze, ungefähr 10 Minuten lang.

- Sobald er gar ist, legt ihr ihn auf ein Küchentuch und zerbröselt ihn zwischen den Fingern. Dieser Schritt dient auch dazu, den Fisch zu trocknen und ihm so viel Wasser wie möglich zu entziehen.

- Vermischt in einer Schüssel Mirin, Zucker und Salz. Diese Mischung gebt ihr bei mittlerer Hitze in einen Topf und fügt dann den zerkrümelten Fisch hinzu. Rührt das Ganze kontinuierlich mithilfe der Stäbchen um, damit ihr die Fischstücke weiter zerbröseln könnt und sie nicht zusammenkleben. Wenn die Flüssigkeit verdampft ist, gebt ihr einen kleinen Tropfen rosa Lebensmittelfarbe hinzu.

- Rührt so lange, bis der Fisch eine gleichmäßige hellrosa Farbe erhält. Er sollte möglichst trocken sein, damit das Ergebnis leicht und locker ist und nicht klebt.

- Gebt das Rührei in eine Schüssel. In eine weitere Schüssel legt ihr das rote Basilikum und den schwarzen Sesam. In eine dritte Schüssel füllt ihr das Sakura Denbu. Füllt in jede Schüssel eine Handvoll gekochten Reis und verrührt das Ganze mit einem Spatel.

- Feuchtet eure Hände an und bestreut sie mit Salz, damit der Reis nicht daran haftet und leichter zu formen ist. Legt die Hälfte des Reises einer der drei Reismischungen in eure Handfläche, formt eine Kugel, indem ihr den Reis mit eurer anderen Hand festdrückt, drückt eine Vertiefung hinein und gebt dann einen großzügigen Teelöffel von dem zerbröckelten Lachs hinein. Bedeckt die Lachsfüllung anschließend mit der anderen Hälfte des Reises und gebt dem Ganzen durch sanftes Andrücken die Form eines Dreiecks. Verfahrt genauso mit den anderen beiden Reiszubereitungen.

- Präsentiert die Dreiecke schließlich nebeneinander auf einem Teller. Eure Auswahl an Onigiri in den Farben des ikonischen Ninja-Trios wartet nun nur noch darauf, von euch verspeist zu werden!

GEGRILLTE MAKRELE NACH KAKASHI-ART (SABA SHIOYAKI)

Kakashi isst gerne Fisch. Man sieht ihn nicht nur, wie er Fisch isst, sondern auch, wie er ihn angelt und in jungen Jahren sogar für sich und sein Team zubereitet. Hier ist eines von Kakashis Meeres-Rezepten, ein einfaches traditionelles Rezept, das auf Japanisch »Saba Shioyaki« heißt.

MENGE

1 Portion

ZUTATEN

1 Makrelenfilet

1 EL Sake

2 TL grobes Salz ohne Zusätze (koscheres Salz)

50 g Daikon-Rettich

1 TL Sojasoße

1 Zitronenviertel

Öl

ZUBEREITUNG

- Gießt den Sake über die Makrele. Nach 1 Minute tupft ihr den Fisch mit einem Papiertuch trocken. Dieser Schritt verleiht der Makrele mehr Geschmack und mildert gleichzeitig ihren Fischgeruch.

- Reibt die Makrele auf beiden Seiten großzügig mit Salz ein und lasst sie 20 Minuten lang bei Zimmertemperatur ruhen. Dies dient dazu, den Fisch zu salzen, den verbliebenen Geruch zu verringern und gleichzeitig das Fischfleisch zu festigen.

- In der Zwischenzeit reibt ihr den Daikon-Rettich fein. Ihr solltet eine Art Püree erhalten, das ihr später als Würze verwenden könnt.

- Nach 20 Minuten hat die Makrele etwas Wasser abgesondert. Tupft sie noch mal mit dem Papiertuch trocken, um die überschüssige Flüssigkeit aufzunehmen.

- Träufelt etwas Öl in eine beschichtete Pfanne und erhitzt sie bei mittlerer Hitze. Sobald die Pfanne heiß ist, legt ihr die Makrele mit der Hautseite nach unten hinein und lasst sie 7 Minuten lang garen.

- Wenn sich die gegrillte Haut goldbraun verfärbt hat, könnt ihr den Fisch vorsichtig auf die andere Seite drehen und ihn weitere 6 Minuten braten lassen.

- Wenn der Fisch gar ist, legt ihn mit der Hautseite nach oben auf eine Servierplatte und richtet daneben den geriebenen Daikon-Rettich an. Bevor ihr euch nun dem köstlichen Geschmack der Makrele hingebt, träufelt etwas Sojasoße über den Rettich und vergesst nicht, die Zitrone dazuzulegen.

KITSUNE UDON

Kitsune Udon ist ein einfaches, traditionelles japanisches Gericht, das durch seine Süße und gleichzeitige Schärfe hervorsticht. In der japanischen Tradition ist es als Lieblingsgericht der Füchse bekannt: Sie sollen dieses Nudelgericht besonders gern essen. Wenn wir an unseren Lieblings-Dämonenfuchs denken, ist Kitsune Udon mit einer Prise Gewürzen in den Farben des Kyubi also genau das Richtige.

MENGE

1 Portion

ZUTATEN

2 Stück gebratener Tofu (Inariage)

1 Portion Udon-Nudeln

1 EL Mirin

1 TL Zucker

1 EL Salz

1 EL helle Sojasoße

2 Scheiben Narutomaki (siehe Rezept auf Seite 82)

Shichimi Togarashi

DASHI-BRÜHE

1 ca. 10 cm großes Stück Kombu

1 Handvoll getrocknete Bonitoflocken

ZUBEREITUNG

- Gießt zunächst 50 cl Wasser in einen Topf und fügt das Stück Kombu hinzu. Anschließend lasst ihr das Ganze 2 Stunden lang ziehen und stellt es dann auf kleine Flamme. Kurz bevor das Wasser aufkocht, nehmt ihr den Topf vom Herd.

- Entfernt den Kombu aus der Brühe und fügt die getrockneten Bonitoflocken hinzu. Das Ganze wieder auf kleine Flamme stellen, bis das Wasser zu kochen beginnt. Dann könnt ihr den Topf vom Herd nehmen und die Brühe filtern, damit kein getrockneter Bonito darin zurückbleibt.

- Tupft die Tofustücke trocken, um das überschüssige Öl aufzunehmen.

- Jetzt kocht ihr die Udon-Nudeln, wie es auf der Packung angegeben ist, indem ihr sie in einen Topf mit kochendem Wasser bei mittlerer Hitze gebt. Lasst die Nudeln anschließend abtropfen und stellt sie beiseite.

- In einem Topf werden jetzt Dashi-Brühe, Mirin, Zucker, Salz und Sojasoße miteinander vermengt. Erhitzt unter ständigem Umrühren alles bei mittlerer Hitze. Sobald die Brühe zu köcheln beginnt, muss die Temperatur heruntergedreht werden und die Brühe soll langsam weiterköcheln, bis das Gericht serviert wird.

- Gebt die Udon-Nudeln in eine Schüssel und übergießt sie bis zu drei Vierteln mit der Brühe. Dann gebt ihr die gebratenen Tofustücke darüber, die Narutomaki-Scheiben und eine Prise Shichimi Togarashi, um das Gericht zu verfeinern.

TAKOYAKI DES BIJU

Killer Bee ist eine bedeutende Figur aus NARUTO SHIPPUDEN.
Dafür sind seine Exzentrik und seine Fähigkeit, seinen Tentakel-Dämon so gut
zu beherrschen, verantwortlich. Er ist ein bemerkenswerter Wirt und versteht sich wunderbar
mit seinem Dämon, der ein Mischwesen aus Stier und Krake ist. Die Tentakel,
die als Schwänze fungieren, sind ein wichtiges Merkmal des Hachibi.
Was wäre also besser geeignet, um den Dämon und seinen Wirt zu repräsentieren,
als Japans berühmteste Tintenfisch-Spezialität?

MENGE

3 Portionen

ZUTATEN

Takoyaki-Teig

50 cl Dashi-Brühe
(siehe Rezept auf Seite 17)

2 Eier

120 g Weizenmehl

50 g Reismehl (nicht klebrig)

1 TL Salz

FÜLLUNG UND GARNITUR

300 g Tintenfisch-Tentakel

1 Lauchzwiebel

Aonori

getrocknete Bonitoflocken

Meersalz

ZUBEREITUNG

- Zunächst solltet ihr die Dashi-Brühe zubereiten. Sie verleiht dem Teig mehr Geschmack.

- Legt den Tintenfisch in eine Schüssel und gebt etwa 2 Esslöffel Meersalz hinzu. Massiert die gesamte Oberfläche des Tintenfischs damit ein.

- Dann lasst ihr den Tintenfisch 30 Minuten lang ruhen. Dieser Schritt hilft, den Geruch des Tintenfischs zu beseitigen, bevor er gegart wird.

- Nach dieser Ruhezeit spült ihr den Tintenfisch unter fließendem kaltem Wasser ab und entfernt das überschüssige Salz.

- In einem Topf bringt ihr so viel Wasser zum Kochen, dass der Tintenfisch damit bedeckt wird, und taucht ihn 3 Minuten lang unter, sobald das Wasser kocht.

- Sobald die Tintenfisch-Tentakel gekocht sind, schneidet ihr sie in etwa 1 cm große Stücke.

- Hackt als Nächstes die Lauchzwiebel fein. Wenn euch kein Aonori zur Verfügung steht, könnt ihr auch Nori-Alge zu Flocken zerkleinern.

- Mischt anschließend alle Zutaten für die Soße in einer Schüssel und stellt sie beiseite.

- Für den Teig verquirlt ihr die Eier in der abgekühlten Dashi-Brühe mit einem Schneebesen. Mischt in einer anderen Schüssel das Weizenmehl, das Reismehl und das Salz und gießt unter stetigem Rühren nach und nach die Dashi-Ei-Mischung hinzu. Es sollte eine ziemlich flüssige, homogene Masse entstehen.

- Bestreicht mit einem Pinsel euren Takoyaki-Kocher oder eine Takoyaki-Pfanne mit Öl. Wenn die Oberfläche gut eingeölt ist, erleichtert es das Braten und garantiert knusprige Takoyaki.
- Schaltet euren Takoyaki-Kocher ein, damit er sich erhitzt. Um zu prüfen, ob die richtige Temperatur erreicht ist, könnt ihr einen Tropfen Teig in die Pfanne geben, der sofort zu brutzeln beginnen sollte. Wenn die Temperatur stimmt, gebt ihr den Teig in die Pfanne.

TIPP

Um den Teig möglichst bequem in die Vertiefungen zu gießen, könnt ihr eine Karaffe verwenden. Vermeidet ein Überlaufen des Teigs, auch wenn es natürlich nicht schlimm ist, wenn er überläuft. Sollte dies passieren, könnt ihr den Teig mit einem Holzspieß oder einem mit dem Takoyaki-Kocher mitgelieferten Werkzeug ablösen.

- Nachdem ihr die Vertiefungen mit Takoyaki-Teig gefüllt habt, legt ihr in jede 2 Stücke Tintenfisch und etwas Lauchzwiebel.
- Wendet die Takoyaki, wenn sich der Teig leicht von der Seitenwand löst. Dazu fahrt ihr mit einem Holzspieß einmal außen um das Takoyaki herum. Das fortlaufende Wenden bringt die Takoyaki in eine runde Form und sorgt dafür, dass sie gleichmäßig gebacken werden.

TIPP

Das Formen der Takoyaki kann bei den ersten Malen etwas knifflig sein. Ihr könnt damit beginnen, die Takoyaki auf die Seite zu drehen, sodass sie zunächst eine halbkreisförmige Form bekommen. Um die Form auszufüllen, gebt ihr dann mit einem kleinen Löffel etwas Teig hinzu und wendet die Takoyaki, um sie in sich zu schließen. Dreht sie dann immer weiter, um die Form zu perfektionieren.

- Rechnet ab dem Zeitpunkt, an dem ihr angefangen habt, alle Takoyaki zu wenden, mit einer Garzeit von 5 Minuten. Richtet sie anschließend auf einem Teller an.
- Bevor ihr euch über eure Takoyaki hermacht, bestreut sie mit etwas Aonori oder fein gehackter Nori-Alge, bestreicht sie mit der Soße und gebt ein wenig Mayonnaise dazu. Zum Schluss legt ihr die getrockneten Bonitoflocken obendrauf. Wenn die Bällchen etwas herumrollen, ist das normal, sie werden euch nicht angreifen! Aber sie können heiß sein, daher passt beim Hineinbeißen auf.

TAKOYAKI-SOSSE

2 EL Dashi
(siehe Rezept auf Seite 17)

2 EL Ketchup

1 EL Austernsoße

1 EL Worcestershire-Soße

1 TL Zucker

japanische Mayonnaise (Kewpie)

ANKO

Anko, eine süßliche Paste aus roten Azukibohnen, ist Hauptbestandteil vieler beliebter Süßspeisen in Konohagakure. Man findet es zum Beispiel als Topping auf Dangos, in Anmitsu, Sakuras Lieblingsdessert, oder auch in Hinatas Zenzai. Sogar die Kunoichi Anko Mitarashi wurde nach ihr benannt. Um diese Leckereien herzustellen, ist es also unerlässlich, die Zubereitung dieser süßen roten Bohnenpaste zu meistern. Die Zubereitung von Anko ist zwar etwas zeitaufwendig, aber das Ergebnis ist die Mühe wert und diese Bohnenpaste kann anschließend für viele andere Süßspeisen verwendet werden!

MENGE

225 g Anko

ZUTATEN

75 g Azukibohnen
100 g feiner Zucker
1 Prise Salz

ZUBEREITUNG

- Wascht zuallererst die Azukibohnen gut durch, um eventuellen Schmutz zu entfernen.
- Gebt sie dann in einen Topf und bedeckt sie mit Wasser. 5 Minuten lang aufkochen lassen, dann das Kochwasser abgießen und die Bohnen durch ein Sieb gießen. Dieser Schritt verringert die Bitterkeit der Bohnen.
- Nun legt ihr die abgetropften Bohnen zurück in den Topf und fügt 25 cl Wasser hinzu. Zum Kochen bringen und die Temperatur verringern, damit die Bohnen zugedeckt 1,5 bis 2 Stunden bei schwacher Hitze vor sich hin köcheln können. Die Bohnen sollten immer mit Wasser bedeckt sein. Man kann jederzeit Wasser nachgießen.

TIPP

Um zu überprüfen, ob die Bohnen gar sind, drückt man sie am besten alle 30 Minuten zwischen den Fingern aus. Die endgültige Konsistenz sollte die eines einheitlichen Pürees sein.

- Tropft die Bohnen ab, sobald sie gar sind, und gebt sie in einen Topf auf mittlerer Hitze. Fügt die Hälfte des Zuckers hinzu und rührt um. Anschließend den restlichen Zucker dazugeben und weiterrühren.

- Gebt das Salz hinzu und rührt ständig weiter, bis die Paste dicker wird. Fertig!

TIPP

Da die süße Bohnenpaste beim Abkühlen eindickt, könnt ihr den Kochvorgang kurz vor Erreichen der gewünschten Konsistenz unterbrechen. Wenn ihr beim Reiben mit dem Spatel gegen den Topfboden eine Art Knistern hört, ist die Masse kurz davor, die richtige Konsistenz zu erlangen. Am Ende solltet ihr auch mit dem Spatel eine klare Linie ziehen können, ohne dass die Mischung am Boden des Topfes kleben bleibt. Wenn all dies zutrifft, könnt ihr eure Bohnen vom Herd nehmen – denn dann ist das Anko fertig!

HANAMI DANGO

Hanami Dango ist die Dango-Sorte, die in NARUTO SHIPPUDEN am häufigsten vorkommt. Es ist ein Leckerbissen, der normalerweise im Frühling zu Hanami, dem Fest zur Feier der Kirschblüte (*Sakura*), gegessen wird. Der dreifarbige Spieß wird daher oft mit Verwandten und Freunden geteilt. Ich erinnere mich besonders an den Moment, als Izumi ihre bunten Reisbällchen mit Itachi teilte!

MENGE

6 Spieße

ZUTATEN

200 g Klebreismehl
(Shiratamako oder alternativ Mochiko)

200 g Seidentofu

80 g feiner Zucker

1 TL Matcha-Pulver

1 TL Erdbeersirup

rote Lebensmittelfarbe

grüne Lebensmittelfarbe

ZUBEREITUNG

- In einer Schüssel werden Klebreismehl, Seidentofu und Zucker vermischt. Knetet die Mischung mit den Händen, bis ein homogener, nicht klebriger Teig entsteht.

TIPP

Wenn der Teig noch zu krümelig ist, könnt ihr etwas Wasser tröpfchenweise hinzufügen und zwischen den einzelnen Tropfen kneten, um einen glatten Teig zu erhalten, der nicht klebt.

- Teilt den Teig in drei gleich große Teile. Mischt dann das Matcha-Pulver unter einen der Teile. Wenn ihr eine kräftigere grüne Farbe möchtet, fügt einen Tropfen grüne Lebensmittelfarbe hinzu. Einem weiteren Teil gebt ihr rote Lebensmittelfarbe und Erdbeersirup hinzu, um ihn rosa zu färben. Den letzten Teil verwendet ihr für die weißen Kügelchen, also könnt ihr ihn so lassen, wie er ist.

- Formt grüne, rosa und weiße Kugeln in gleichen Mengen. Bei der angegebenen Menge müssten es etwa 18 Bällchen mit einem Durchmesser von ca. 4 cm werden.
- Kocht die Kugeln in einem Topf, der groß genug ist, damit sie nicht aneinander kleben bleiben. Sobald sie an die Oberfläche steigen, sind sie fertig und können in Eiswasser gelegt werden, um abzukühlen.
- Gestaltet die Spieße, indem ihr die Kugeln in der gleichen Reihenfolge, wie Itachi sie gegessen hat, auf Holzstäbe steckt: eine grüne Kugel, eine weiße in der Mitte und zum Schluss eine rosa Kugel. Und schon habt ihr Hanami Dango, die ihr mit allen teilen könnt!

TIPP

Schneidet eure Holzstäbe ruhig ab, wenn sie euch zu lang erscheinen, damit die Spieße hübscher aussehen. Die Präsentation dieses schönen Desserts ist sehr wichtig!

ANKO MITARASHI DANGO

Dango sind wahrscheinlich eine der beliebtesten Süßigkeiten im Dorf Konohagakure. Es gibt sogar einen Laden, der sich auf diese süßen Klöße spezialisiert hat und sie in allen möglichen Variationen anbietet. Unter den Einwohnern Konohagakures ist die Kunoichi Anko Mitarashi die beliebteste Dango-Spezialistin. Zu Ehren dieser großen Dango-Liebhaberin, deren Name sich sogar auf verschiedene Varianten dieses japanischen Desserts bezieht, schlage ich euch eine Auswahl an Anko Dango und Mitarashi Dango vor.

MENGE

4 Spieße

ZUTATEN

100 g Anko
(siehe Rezept auf Seite 110)
150 g Mochiko-Klebreismehl
150 g Seidentofu
2 EL Zucker

MITARASHI-SOSSE

1 TL Maisstärke
1 EL Sojasoße
2 EL Zucker

ZUBEREITUNG

- Bereitet zunächst die Mitarashi-Soße zu, eine süß-salzige Soße, mit der die Mitarashi Dango überzogen werden.

- Löst die Maisstärke in einem Topf mit 7 cl Wasser auf. Das verhindert später die Bildung von Klumpen. Gebt dann die Sojasoße und den Zucker hinzu, rührt alles um und erhitzt es bei mittlerer Hitze unter ständigem Rühren, bis die Soße eindickt, was etwa 3–5 Minuten dauern wird. Die erzielte Konsistenz sollte an Honig erinnern.

- Bereitet anschließend das Anko nach dem Rezept auf Seite 110 zu.

- Danach vermischt ihr das Klebreismehl, den Seidentofu und den Zucker in einer Schüssel. Diese Art der Dango wird mit weniger Zucker zubereitet, da sie mit einem Anko-Topping serviert und mit einer Soße übergossen werden.

- Knetet die Mischung mit der Hand, bis ein homogener, nicht klebriger Teig entsteht.

- Teilt dann den Teig in zwei Hälften und halbiert jeden Teil immer weiter, bis ihr 12 gleiche Stücke erhaltet – formt dann die Bällchen.

- In einem ausreichend großen Topf (die Bällchen sollen nicht aneinanderkleben) taucht ihr sie vorsichtig ins Wasser und bringt alles zum Kochen. Sobald die Teigbällchen an die Oberfläche steigen, sind sie fertig und können zum Abkühlen in Eiswasser getaucht werden.

- Anschließend steckt ihr jeweils 3 Bällchen auf einen Holzspieß.

- Legt dann die Dango-Spieße in eine beschichtete Pfanne oder in eine Pfanne, die mit in Öl getränktem Küchenpapier leicht eingefettet wurde, und lasst sie bei starker Hitze auf einer Seite goldbraun werden, bevor ihr sie wendet.
- Wenn beide Seiten goldbraun sind, legt ihr die Dango-Spieße auf eine Platte und verteilt auf der einen Hälfte ein wenig Anko als Beilage, während ihr die andere Hälfte mit der Mitarashi-Soße überzieht.

Nun ist alles bereit für diesen Mix aus Anko Dango und Mitarashi Dango! Und dafür musstet ihr nicht einmal zu einem Dangoya (Dango-Laden) in Konohagakure gehen!

WÜSTENSANDGEBÄCK

Gaara aus der Wüste ist der Anführer, der Kazekage, des im Sand versteckten Dorfs Suna. Als Hommage an diesen Sandmeister stelle ich euch ein Rezept für Wüstensandgebäck mit geröstetem Sojabohnenpulver vor. »Kinako« wird dieses Sojabohnenpulver genannt.

MENGE

12 Stück

ZUTATEN

200 g Mehl
120 g weiche Butter
80 g Puderzucker
50 g Kinako
1 Ei
1 Prise Salz

ZUBEREITUNG

- Heizt den Backofen auf 180 °C vor.
- Rührt das Mehl in einer Schüssel mit der weichen Butter zu einer homogenen Masse zusammen.
- Gebt dann Puderzucker, Kinako, Ei und Salz hinzu und verrührt alles miteinander. Jetzt formt ihr den Teig zu einem Strang mit einem Durchmesser von ca. 6 cm und wickelt ihn in Frischhaltefolie.
- Lasst den Teig anschließend 30 Minuten im Kühlschrank ruhen.
- Wenn der Teig fest geworden ist, schneidet ihn in ca. 0,5 cm dicke Scheiben.
- Legt die Teigscheiben auf ein mit Backpapier ausgelegtes Backblech und schiebt sie für etwa 10 Minuten in den Ofen.

Lasst das Gebäck abkühlen, nachdem ihr es aus dem Ofen geholt habt. Dann ist euer Wüstensandgebäck fertig und kann genüsslich verzehrt werden!

EIS VON JIRAIYA

油

Wer erinnert sich nicht an die Momente, in denen wir mit Jiraiya und Naruto zusammen waren und dem Meister und dem Schüler dabei zusahen, wie sie sich erfrischendes Wassereis teilten? Ich wollte dieses Eis am Stiel schon immer mal probieren und vermutlich bin ich nicht die Einzige! Daher stelle ich euch hier meine Interpretation dieser Süßigkeit vor.

MENGE

6 Eis am Stiel

(3 Doppelformen)

ZUTATEN

2 g getrocknete Schmetterlingserbsen-Blüten

125 g Zucker

ZUBEREITUNG

- Entfernt zunächst die Stiele von den Blüten der Schmetterlingserbsen.
- Dann bringt ihr in einem Topf 50 cl Wasser zum Kochen und nehmt ihn anschließend vom Herd.
- Gießt das heiße Wasser in einen anderen Topf und gebt die Blüten der Schmetterlingserbse hinzu. Bedeckt dann den Topf und lasst den Tee 3 Minuten lang ziehen.
- Danach filtert ihr das Wasser, um die Blüten zu entfernen. Gebt den Zucker mit ins Wasser und verrührt ihn.
- Jetzt füllt ihr die Mischung in Eisformen, am besten in doppelte, damit ihr das Eis in zwei Hälften teilen könnt, und steckt zwei Holzstäbchen in jede Form.
- Stellt die Formen für einige Stunden in den Gefrierschrank. Wenn ihr sie später aus dem Gefrierfach nehmt, habt ihr nicht nur ein Eis zum Teilen, sondern verspürt vielleicht auch ein bisschen Nostalgie.

SAKURA ANMITSU

Als Naruto nach seinem jahrelangen Training mit Jiraiya ins Dorf zurückkehrt, lädt er Sakura ins Ramen-Restaurant ein, hat aber nicht genug Geld. In der Folge sieht man, wie Sakura Anmitsu probiert – es sieht aus, als wäre es ihr absolutes Lieblingsdessert!

MENGE

1 Portion

ZUTATEN

1 Kugel Vanilleeis

1 Kugel Anko
(siehe Rezept auf Seite 110)

1 Kirsche mit Stiel

1 Kiwi

10 g rosa Marzipan

KANTEN-GELEE

2 g Agar-Agar oder Kanten-Pulver

2 EL Zucker

rote Lebensmittelfarbe

SHIRATAMA DANGO

40 g Klebreismehl
(Shiratamako oder Mochiko)

1 TL Zucker

ZUBEREITUNG

- Die Grundlage für Anmitsu, dieses erfrischende und farbenfrohe Dessert, ist Kanten-Gelee. Um dieses herzustellen, mischt ihr 25 cl Wasser und das Gelierpulver (Agar-Agar) in einem Topf. Bringt das Ganze bei mittlerer Hitze zum Kochen.

- Sobald die Mischung zu kochen beginnt, verringert ihr die Temperatur und rührt auf kleiner Flamme, während ihr nach und nach den Zucker und einen Tropfen rote Lebensmittelfarbe hinzufügt. Nach 3 Minuten könnt ihr den Topf vom Herd nehmen.

- Gießt dann das Kanten-Gelee in eine rechteckige Schüssel und lasst es an der Luft abkühlen. Anschließend könnt ihr die Schüssel in den Kühlschrank stellen.

- Eine weitere beliebte Beilage zu Anmitsu sind Shiratama Dango. Dazu mischt man das Klebreismehl und den Zucker in einer Schüssel und gibt nach und nach 4 Esslöffel Wasser hinzu, wobei man alles langsam mit einem Spatel umrührt. Wenn alle Zutaten eingearbeitet sind, knetet ihr den Teig mit der Hand.

TIPP

Wenn euch der Teig noch zu krümelig vorkommt, könnt ihr einen Tropfen Wasser hinzufügen, bevor ihr weiterknetet.

- Den Teig zu Kugeln mit einem Durchmesser von ca. 2 cm formen und dann eine Vertiefung in die Mitte der Kugeln drücken. Bringt einen Topf mit Wasser zum Kochen und taucht die Dangos hinein. Nehmt sie aus dem Topf, sobald sie an die Oberfläche steigen, und legt sie in eine Schüssel mit Eiswasser.

- Während die Dangos abkühlen, bereitet ihr den Kuromitsu-Sirup zu. Vermischt dazu den Zucker und 5 cl Wasser in einem Topf. Das Ganze bei mittlerer Hitze zum Kochen bringen, dann die Temperatur runterschalten und umrühren. Wenn der Sirup leicht eingedickt ist, nehmt ihn vom Herd und füllt ihn in einen anderen Behälter um, damit er auf Raumtemperatur abkühlen kann.
- Drückt die Marzipanrohmasse flach und stecht mit einem Ausstecher eine Kirschblüte aus. Dieser Schritt ist optional und dient vor allem der schönen Präsentation des Desserts.
- Schält dann die Kiwi und schneidet sie in dicke Scheiben, mit denen ihr das Anmutu belegen könnt.

- Holt das Kanten-Gelee aus der Form und schneidet es in 1,5 cm große Würfel.
- Legt die Geleewürfel auf den Boden einer Schüssel oder eines tiefen Tellers, platziert eine Kugel Vanilleeis in dessen Mitte und eine kleinere Kugel Anko daneben. Danach füllt ihr den Teller weiter mit den Dangos, der Kiwi und der Kirsche. Legt die Sakura-Blüte aus Marzipan auf die Eiskugel. Ihr könnt noch 1 oder 2 weitere ausgeschnittene Blüten hinzufügen. Gebt zum Schluss etwas Kuromitsu-Soße über euer Dessert und serviert den Rest separat.

Kein Wunder, dass Sakura von Anmitsu so begeistert ist, so erfrischend und schön, wie es aussieht!

UZUMAKI-DAMPFNUDELN

Egal, ob NARUTO gelesen oder angeschaut wird, in jedem Fall tragen auch die Action- und Kampfszenen ihren Teil zur Beliebtheit des Werkes bei und verdienen Anerkennung. In diesem Sinne feiert dieses Dampfnudel-Dessert Narutos berühmtesten Angriff: Mit blauem Wirbelmuster erinnert es an Rasengan und auch an den Namen Uzumaki, was auf Japanisch »Spirale« bedeutet. So eine süße warme Dampfnudel ist einfach und wohltuend – ein Snack, der genauso viel Eindruck macht wie ein Rasengan!

MENGE

3 Portionen

ZUTATEN

1 TL Schmetterlings-erbsen-Blüten

250 g Weizenmehl, und ein wenig mehr für die Formgebung

60 g feiner Zucker

1 TL Backhefe

8 cl Milch

2 TL Sonnenblumenöl

ZUBEREITUNG

- Entfernt die Stiele von den Schmetterlingserbsen-Blüten. Lasst die Schmetterlingserbsen-Blüten in 8 cl heißem Wasser 10 Minuten lang ziehen.

- Vermischt in einer Schüssel die Hälfte des Mehls, die Hälfte des Zuckers und die Hälfte der Hefe. Das Gleiche wiederholt ihr in einer zweiten Schüssel.

- Gießt dann unter ständigem Rühren nach und nach die Milch in die erste Schüssel. In die andere Teigmasse gießt ihr auf die gleiche Weise das mit den Schmetterlingserbsen-Blüten gefärbte Wasser.

- Gebt in jede Schüssel einen Teelöffel Öl, bevor ihr mit dem Kneten beginnt. Das Ergebnis sollte nicht an euren Fingern oder am Boden der Schüsseln kleben bleiben.

- Bemehlt eine Arbeitsfläche und rollt mit einem Nudelholz erst den weißen, dann den blauen Teig aus. Die Teigstücke sollten nicht dicker als 0,5 cm sein.

- Legt dann das weiße auf das blaue Teigblatt und rollt es mit dem Nudelholz glatt.

- Schneidet die Enden des Teigs ab, um eine sauberere Spiralform zu erhalten, und rollt den Teig dann auf.

TIPP

Wenn der Teig beim Rollen nicht gut haftet, wischt ihr das überschüssige Mehl von der Oberfläche. Ihr könnt den Teig auch mit einem Pinsel anfeuchten, während ihr ihn rollt.

- Sobald ihr den Teig zusammengerollt habt, schneidet ihr die Enden ab, um gleichmäßige Stücke zu erhalten. Teilt den Teig so in ca. 6 cm lange Stücke.

- Legt die Teigstücke auf eine bemehlte Fläche, deckt sie mit einem Küchentuch ab und lasst sie 1 Stunde lang bei Raumtemperatur ruhen.

- Nach einer Stunde sollte der Teig aufgegangen sein. Legt nun die Teigstücke in einen mit Backpapier ausgelegten Dampfkorb und dämpft sie bei mittlerer Hitze 12 Minuten lang. Wenn euer Dampfkorb nicht groß genug ist, könnt ihr auch in mehreren Etappen dämpfen.

- Sobald die Mantou gegart sind, könnt ihr diese weichen und leichten Dampfnudelküchlein endlich genießen!

HYOROGAN BUBBLE TEA

In der Welt der Shinobi gibt es diese kleinen dunklen Kugeln, die sie während ihrer Missionen schlucken. Das hat mich schon immer fasziniert. Diese Ninja-Kampfrationen namens Hyorogan helfen ihnen, ihre Kräfte zu sammeln, um einsatzfähig zu bleiben, doch angeblich schmecken sie abscheulich. Wenn ich schon nicht in diese Medizin hineinbeißen kann, dachte ich mir, dass es sicher sowieso leckerer wäre, sie durch Tapioka-Kügelchen zu ersetzen, die in einem erfrischenden Bubble-Tea-Getränk aus Milch und anregendem Matcha-Tee serviert werden.

MENGE

1 Portion

ZUTATEN

75 g Tapiokamehl
90 g Muscovado-Zucker
1 EL Matcha-Pulver
1 Glas Milch
1 EL Honig

ZUBEREITUNG

- In einem Topf werden 5 cl Wasser und die Hälfte des Zuckers bei mittlerer Hitze und unter ständigem Rühren erhitzt. Wenn sich der Zucker aufgelöst hat, gebt ihr die Hälfte des Tapiokamehls hinzu und rührt weiter, bis ein homogener Teig entsteht.

- Nehmt den Topf vom Herd, bevor ihr das restliche Tapiokamehl unterrührt. Dann rührt ihr noch mal mithilfe eines Spatels um und knetet den Teig von Hand auf einer Arbeitsfläche weiter. Das macht man so lange, bis das Mehl gut in den Teig eingearbeitet ist, der glatt und nicht klebrig sein sollte.

- Jetzt formt ihr den Teig zu einem langen Strang, indem ihr ihn zwischen den Händen hin und her rollt, und schneidet ihn dann in Kügelchen mit einem Durchmesser von etwa 0,5 cm.

- Anschließend bringt ihr einen Topf mit Wasser bei mittlerer Hitze zum Kochen und gebt die Tapioka-Perlen hinein. Lasst sie 15 Minuten lang kochen und achtet dabei darauf, dass sie nicht aneinander kleben bleiben. Rührt ab und zu um. Wenn die Perlen gar sind, lasst ihr sie abtropfen.
- Erhitzt den restlichen Zucker mit 1 EL Wasser in einer Pfanne bei mittlerer Hitze. Wenn sich der Zucker aufgelöst hat, gebt ihr die Tapioka-Perlen dazu und rührt mit einem Spatel ständig um, bis die Perlen mit Karamell überzogen sind. Füllt sie in eine Schüssel.
- Mischt 4 cl heißes Wasser und das Matcha-Pulver.
- Gebt anschließend die Perlen in ein Glas und gießt die heiße oder kalte Milch darüber. Lasst aber noch Platz für den Matcha-Tee. Gebt dann den Honig und schließlich den Matcha-Tee hinzu. Bevor ihr euer Getränk genießt, rührt alles mit einem Strohhalm um.

Ihr könnt zwar nicht von den medizinischen Eigenschaften der Hyorogan-Pillen profitieren, dafür könnt ihr euch aber an einem Getränk und Perlen erfreuen, die bei Weitem nicht so ekelhaft schmecken wie das Original!

AMEGAKURE MOCHI

IIII

Das Dorf Amegakure ist dafür bekannt, ein kaltes, feindseliges Dorf zu sein, in dem es ständig regnet. Es hat aber auch einige talentierte Ninjas hervorgebracht, von denen Nagato, Yahiko und Konan, die ehemaligen Schüler von Jiraiya, die in NARUTO SHIPPUDEN eine wichtige Rolle spielen, wohl die bekanntesten sind. Als Hommage an dieses markante Trio findet sich hier eine Auswahl gefrorener Mochis in den Farben dieser Ninjas.

MENGE

6 Mochis

ZUTATEN

50 ml lila Eiscreme aus Süßkartoffeln (siehe Rezept auf Seite 156)

50 ml Orangeneis

50 ml Eiscreme aus roten Früchten

9 EL Mochiko-Klebreismehl

Maizena®

ZUBEREITUNG

- Lasst in drei mikrowellengeeigneten Schüsseln jeweils etwa 2 Esslöffel der Eiscreme bei Raumtemperatur schmelzen.

- Teilt dann die Menge an Klebreismehl in 3 gleiche Teile und rührt jeweils einen Teil in die Schälchen mit der Eiscreme.

- Stellt die Mischungen nacheinander für 1 Minute in die Mikrowelle, verrührt sie und stellt sie dann wieder abwechselnd für weitere 45 Sekunden in die Mikrowelle.

- Knetet den Teig auf einer mit Maisstärke bestäubten Arbeitsfläche, damit er nicht klebt.

- Wenn der Teig glatt und homogen ist, rollt ihn so dünn wie möglich aus und schneidet ihn in circa 7 cm große Quadrate.

- Gebt in jedes Teigquadrat eine kleine Kugel der jeweiligen Eiscreme und schließt die Quadrate, indem ihr die Enden des Teigs umklappt und in der Mitte zusammendrückt.

- Legt sie danach 2 Stunden in den Gefrierschrank, bevor ihr die dreifarbigen Mochis mit Eiscremefüllung verzehrt.

GAMAMOCHI UND GAMABUNTA

Der Berg Myoboku ist als Heimat der Kröten bekannt, die von Jiraiya und Naruto beschworen werden. Zu den häufig gesehenen Kröten gehören Gamabunta und sein Sohn Gamakichi. Als Hommage an diese liebenswerten Kröten möchte ich euch ein Rezept für mit Mochi-Teig und Anko gefüllte Brötchen in Krötenform vorstellen.

MENGE

12 Brötchen

ZUTATEN

200 g Anko
(siehe Rezept auf Seite 110)

1 Tubenschokolade oder

20 g geschmolzene Zartbitterschokolade

HEFETEIG

250 g Weizenmehl

2 EL Zucker

4 g trockene Backhefe

20 cl Milch

1 EL Kondensmilch

20 g weiche Butter

MOCHI-TEIG

100 g Mochiko-Klebreismehl

10 cl Milch

1 EL Kondensmilch

ZUBEREITUNG

- Löst die Hefe in 20 cl lauwarmer Milch auf und lasst die Mischung 10 Minuten lang stehen.

- Mischt das Weizenmehl und den Zucker in einer Schüssel und rührt die Kondensmilch und die in der Milch aufgelöste Hefe unter.

- Knetet den Teig mit der Hand auf einer bemehlten Arbeitsfläche und sobald der Teig schön glatt ist, fügt ihr die weiche Butter hinzu und knetet weiter.

- Legt dann den Teig in eine Schüssel, deckt diese mit Frischhaltefolie ab und lasst ihn 1–2 Stunden bei Raumtemperatur ruhen, bis er sein Volumen verdoppelt hat.

Während der Hefeteig ruht, bereitet ihr den Mochiko-Teig zu.

- Dazu vermischt ihr das Klebreismehl, die Milch und die Kondensmilch in einem mikrowellengeeigneten Behälter.

- Stellt das Ganze 1 Minute lang in die Mikrowelle und rührt die Paste dann mit einem Spatel um. Danach stellt ihr die Masse für weitere 45 Sekunden in die Mikrowelle und rührt sie anschließend noch mal um. Der so entstandene Mochi-Teig ist zwar klebrig, sollte sich aber gut von der Schüsselwand lösen lassen.

- Lasst nach dem Ruhen die Luft aus dem Hefeteig entweichen und schneidet ihn in 12 gleich große Stücke. Formt aus diesen 12 Teigstücken mit einem Nudelholz oder einem Teigroller kleine Scheiben, die ihr mit der Hand flachdrückt.

- Den Backofen auf 150 °C vorheizen.

- Nehmt einen gehäuften Esslöffel Mochi-Teig und drückt ihn in der Hand flach, bevor ihr ihn in die Mitte des Brötchenteigs legt. Gebt dann einen Esslöffel Anko darauf. Deckt die Füllung mit den Enden des Teigs zu und formt dabei eine Kugel. Danach legt ihr diese Bällchen nach und nach auf ein mit Backpapier ausgelegtes Backblech.
- Formt aus dem restlichen Teig kleine Kügelchen und setzt zwei davon als Augen auf jeweils eine gefüllte Teigkugel.
- Schiebt das Backblech für 15 Minuten in den Ofen.
- Danach lasst ihr die Brötchen auf Raumtemperatur abkühlen und malt mit einem Konditorstift, einer Schokoladentube oder mit einem in etwas geschmolzene Schokolade getauchten Spieß die Pupillen sowie den Mund auf.

Natürlich ginge es wesentlich schneller, wenn ihr die Kröten-Brötchen heraufbeschwören würdet, aber zumindest könnt ihr so sicher sein, dass ihr sie ohne Konsequenzen verspeisen könnt.

NARUTOMAKI-COOKIES

Narutomaki sind Beilagen, die oft zu Ramen gereicht werden und an eine Blume mit einer Spirale (japanisch: Uzumaki) in der Mitte erinnern. Da Narutomaki auch als Inspirationsquelle für den Vornamen des Helden dienten, repräsentieren sie Naruto Uzumaki vermutlich am besten. Es wäre also schade, wenn wir nicht auch eine leckere süße Narutomaki-Version anbieten würden – wie illusionistische Malerei täuscht sie das Auge und sieht fast genau wie die beliebte Fisch-Strudelrolle aus.

MENGE

12 Cookies

ZUTATEN

250 g Mehl
150 g weiche Butter
120 g Puderzucker
1 Eiweiß
1 Prise Salz
1 Tropfen Vanillearoma
40 g extrafeines Mandelpulver
rote Lebensmittelfarbe

ZUBEREITUNG

- Nachdem ihr die Butter bei Zimmertemperatur habt weich werden lassen, schlagt sie mit einem Schneebesen oder einem elektrischen Handrührgerät in einer Rührschüssel auf, bis sie eine dickcremige Konsistenz annimmt.

- Fügt den Puderzucker hinzu und rührt weiter. Wenn der Zucker einheitlich eingearbeitet ist, gebt das Eiweiß, die Prise Salz und das Vanillearoma hinzu und verrührt alles miteinander.

- In einer separaten Schüssel mischt ihr das Mehl mit dem gemahlenen Mandelpulver. Letzteres sollte wirklich fein sein, da diese Mischung in die Rührschüssel mit den anderen Zutaten gesiebt wird. Rührt mit einem Spatel so lange um, bis das gesamte Mehl eingearbeitet ist und ein homogener Teig entsteht, der sich leicht vom Gefäß lösen lässt.

- Nehmt etwa ein Viertel des Teigs aus der Schüssel, gebt in einem zweiten Gefäß einen Tropfen rote Lebensmittelfarbe dazu und knetet das Teigstück durch, bis es einheitlich rosa geworden ist.

- Den rosafarbenen Teig zwischen zwei Backpapieren mit einem Nudelholz so dünn wie möglich ausrollen. Rollt dann den restlichen Teig aus, er sollte nicht dicker als 1 cm sein. Die beiden Teigrechtecke sollten außerdem gleich lang sein.

- Schneidet die Ränder der Teigblätter sauber ab und legt das rosafarbene Teigrechteck in die Mitte des hellen. Zwischen zwei Backpapierblättern rollt ihr mit dem Nudelholz über die beiden Teigstücke, sodass der rosafarbene Teig am weißen haften bleibt, aber nicht in den Teig eingearbeitet wird! Drückt die Teigflächen anschließend nicht weiter platt.
- Lasst das Backpapier dran und legt den Teig für eine Stunde in den Kühlschrank.
- Entfernt dann das Backpapier und rollt den Teig mithilfe des untersten Blattes auf. Die Verbindungsstelle mit den Fingern glatt streichen, sie sollte möglichst wenig sichtbar sein.
- Der aufgerollte Teig sollte erneut eine Stunde im Kühlschrank ruhen.
- Heizt den Ofen auf 160 °C vor. Nehmt dann den Teig aus dem Kühlschrank, zieht das Backpapier ab und drückt mit einem Messer oder einem Stäbchen in regelmäßigen Abständen auf die Länge des Teigs, um ihn in eine gezackte Form zu bringen.
- Schneidet die Teigrolle in etwa 1 cm dicke Scheiben. Legt sie dann auf ein mit Backpapier ausgelegtes Backblech und schiebt es für 15–20 Minuten in den Ofen. Die Cookies sollten nicht zu braun werden.
- Wenn ihr sie anschließend aus dem Ofen nehmt, müssen sie zunächst bei Raumtemperatur abkühlen.

Sobald sie abgekühlt sind, könnt ihr eure Narutomaki-Cookies genießen – vielleicht nicht unbedingt zu einer Schüssel Ramen, aber zu einer Tasse Tee passen sie perfekt!

EXPLOSIVE NERIKIRI

Ich staunte nicht schlecht, als Deidara zum ersten Mal Lehm in sich hineinstopfte, um daraus explosive Waffen zu machen. Seine Kunstwerke, wie er sie nennt, stellen meistens Tiere oder Insekten dar. Besonders gerne scheint er Spinnen zu formen. Wenn ihr euch schon mal gefragt habt, wie es ist, auf Spinnen aus Lehmpaste herumzukauen – hier findet ihr eine Alternative aus süßer weißer Bohnenpaste (Shiroan), der typischen Grundzutat für traditionelle japanische Nerikiri.

MENGE

4 bis 8 Spinnen, je nach Größe eurer Kunstwerke

ZUTATEN

SHIROAN

100 g Limabohnen
80 g Zucker
1 Prise Salz

WAGASHI

Shiroan
1 gestrichener TL Mochiko-Klebreismehl

ZUBEREITUNG

- Wascht die weißen Bohnen gründlich und entfernt eventuelle Verunreinigungen. Gebt sie anschließend in eine Schüssel und bedeckt sie mit Wasser. Lasst sie so über Nacht stehen.

- Nach dieser Ruhezeit sollte sich die Haut der Bohnen leicht abziehen lassen. Schält also die Bohnen und gebt sie in einen Topf Wasser. Lasst sie 5 Minuten lang kochen, bevor ihr die Bohnen in ein Sieb gießt.

- Gebt dann die abgetropften Bohnen in den Topf zurück und fügt so viel Wasser hinzu, bis sie bedeckt sind. Bei mittlerer Hitze erneut zum Kochen bringen, dann die Temperatur reduzieren und die Bohnen bei geschlossenem Deckel 1,5 bis 2 Stunden auf kleiner Flamme köcheln lassen. Die Bohnen müssen immer mit Wasser bedeckt sein, wenn es verdunstet, könnt ihr jederzeit Wasser nachgießen.

TIPP

Um zu überprüfen, ob die Bohnen gar sind, drückt ihr alle 30 Minuten eine zwischen euren Fingern aus. Die endgültige Konsistenz sollte die eines gleichmäßigen Pürees sein.

- Wenn die Bohnen gar sind, lasst ihr sie abtropfen und zerdrückt sie mit einem Spatel auf einem Sieb. Das Ergebnis ist ein geschmeidiges, gleichmäßiges Püree.

- Erhitzt die Bohnenpaste in einer beschichteten Pfanne mit Zucker und Salz bei mittlerer Hitze. Man muss konstant rühren, bis die Paste dicker wird. Am Anfang wird sie euch flüssiger vorkommen, aber sie wird immer dicker, je länger sie kocht. Euer Shiroan ist fertig, wenn der Teig nicht mehr an euren Fingern klebt. Nehmt dann die Pfanne vom Herd.
- Füllt das Shiroan in eine Schüssel und lasst es abkühlen.
- Vermengt das Klebreismehl und einen Teelöffel Wasser in einem Schälchen. Wenn ihr das Klebreismehl verdünnt habt, stellt ihr das Schälchen 20 Sekunden lang in die Mikrowelle und rührt dann den Teig um. Wiederholt diesen Vorgang, bis der Teig nicht mehr an den Schüsselwänden klebt.
- Gebt die Mochiko-Paste zum Shiroan hinzu und vermengt alles mit einem Spatel, bis die Paste eingearbeitet ist. Der Teig darf nicht kleben und sollte sich mit den Fingern leicht verarbeiten lassen.
- Knetet den Nerikiri-Teig und formt drei unterschiedlich große Kugeln: eine kleine, eine mittlere und eine große. Drückt den restlichen Teig flach und schneidet 8 längliche, dünne Rechtecke aus, die die Beine der Spinne bilden.
- Setzt die Kugeln und Beine zusammen, um eure Spinne zu formen.

Während Deidara seine explosiven Kunstwerke verschlingt, könnt ihr euch jetzt eine Spinne schmecken lassen, die nicht explodiert und garantiert köstlich ist.

DIE ROSE VON AME

Der Name »Rose von Ame« erinnert euch vielleicht an eine bestimmte Kunoichi aus dem Dorf Ame, auf deren lila Haar eine Papierrose prangt: Konan. Hier ist ein Dessert, das von dieser markanten Figur aus NARUTO SHIPPUDEN inspiriert ist.

MENGE

300 g Eis

ZUTATEN

25 cl flüssige Sahne (mit Fettgehalt)

5 cl gesüßte Kondensmilch

½ TL Ube-Pulver oder Pulver aus lila Süßkartoffeln

Eiswaffeln

ZUBEREITUNG

- Bereitet als Erstes Ube-Eis oder Eis aus lila Süßkartoffeln zu. Schlagt dazu die flüssige Sahne in einer Schüssel mit einem Handrührgerät oder einem Schneebesen auf, bis die Masse dickflüssig wird.
- Dann gebt ihr die Kondensmilch hinzu und schlagt die Sahne weiter.
- Wenn die Kondensmilch einheitlich untergerührt ist, fügt ihr das lila Pulver hinzu und rührt weiter.
- Füllt die eingedickte Sahne in eine Dose, deckt den Behälter ab und stellt ihn für mindestens 4 Stunden ins Gefrierfach.
- Die Eiscreme ist fertig. Nun könnt ihr Kugeln daraus formen und auf die Waffeln setzen.

Sobald ihr mit der Form eurer Eisrose zufrieden seid, könnt ihr zum letzten Schritt übergehen: aufessen!

DIE NINJA-GEBURTSTAGSTORTE

Die japanische Erdbeertorte ist sehr beliebt, weil sie so herrlich leicht ist und toll aussieht. Mit dieser Torte könnt ihr eure Lieblings-Ninjas an ihrem Geburtstag verwöhnen!

MENGE

4 Portionen

ZUTATEN

TORTENBODEN

4 Eier
8 cl Milch
3 EL geschmolzene Butter
120 g Mehl
1 TL Backpulver
100 g Vanillezucker
1 Prise Salz

FÜLLUNG

35 cl Schlagsahne
150 g Mascarpone
100 g Zucker
½ TL Vanilleextrakt

DEKO

60 g Zartbitterschokolade
60 g weiße Schokolade
12 Erdbeeren

ZUBEREITUNG

- Heizt den Ofen auf 160 °C vor.

- Trennt das Eiweiß vom Eigelb. Verquirlt die Eigelb, die Milch und die geschmolzene Butter mit einem Schneebesen oder einem Handrührgerät in einer Schüssel. Dann rührt ihr das Mehl und das Backpulver unter.

- Schlagt das Eiweiß mit dem Salz steif, wobei ihr den Zucker nach und nach löffelweise hinzugebt. Das Eiweiß muss steif sein und wird dann vorsichtig unter den Teig gehoben. Gebt den Teig in zwei oder drei Schritten mit einem Spatel in sanften, kreisförmigen Bewegungen hinzu, um einen luftigen Teig zu erhalten.

- Dann gießt ihr den Teig in eine mit Backpapier ausgelegte runde Backform und schiebt ihn für 20–25 Minuten in den Ofen. Um zu prüfen, ob der Tortenboden durch ist, sticht man mit einem Messer oder Stäbchen hinein – es sollte beim Rausziehen nichts mehr daran kleben bleiben.

- In der Zwischenzeit vermengt ihr Sahne, Mascarpone, Zucker und Vanilleextrakt in einer Schüssel, bis die Mischung dicker wird.

- Schmelzt die Zartbitterschokolade und gießt sie auf eine mit Backpapier ausgelegte Fläche. Lasst die Schokolade fest werden und schneidet dann eine rechteckige Platte aus, die breit genug ist, um おたんじょうび おめでとう draufzuschreiben, was auf Japanisch »Alles Gute zum Geburtstag« bedeutet.

- Wenn die dunkle Schokoladenplatte hart geworden ist, schmelzt ihr die weiße Schokolade und gebt sie in einen Papierkegel oder einen Spritzbeutel, um damit die Schrift vorzubereiten. Ihr könnt vorher auf Backpapier üben.

- Legt die 8 schönsten Erdbeeren für die Dekoration beiseite, entfernt den Strunk der restlichen Erdbeeren und schneidet sie in 4 Scheiben.

Jetzt könnt ihr mit dem Zusammensetzen der Torte beginnen.

- Nehmt den erkalteten Tortenboden vorsichtig aus der Form und schneidet ihn horizontal in zwei gleich dicke Scheiben.
- Legt die erste Biskuitscheibe auf eine Platte und bedeckt sie mit einer großzügigen Schicht Creme-Füllung. Legt dann die Erdbeerscheiben auf die Creme und bedeckt sie mit einer weiteren Schicht der Füllung. Anschließend legt ihr die zweite Biskuitscheibe darauf und überzieht auch diese mithilfe eines Spatels mit der Füllung. Verziert den oberen Teil der Torte mit den 8 beiseitegelegten Erdbeeren und spritzt mit dem Spritzbeutel kleine Sahnetupfer zwischen die Früchte. Zum Schluss legt ihr die Schokoladenplatte mit dem Schriftzug obendrauf.
- Ihr habt jetzt einen saftigen, cremigen Kuchen gebacken, der sich hervorragend als Überraschung für einen lieben Menschen eignet.

161

ZENZAI

Zenzai könnte Hinatas Lieblingsessen sein.
Dieses traditionelle Dessert aus süßer Anko-Suppe und Dango
erinnert durch seinen Charme und seine Einfachheit an sie.

MENGE

1 Portion

ZUTATEN

rote Bohnensuppe

200 g Anko
(siehe Rezept auf Seite 110)

SHIRATAMA DANGO

50 g Mehl aus Shiratamako-
oder Mochiko-Klebreis

1 TL Zucker

ZUBEREITUNG

- Bereitet zunächst die Shiratama Dango zu, indem ihr in einer Schüssel das Klebreismehl, den Zucker und schließlich 3 Esslöffel Wasser nach und nach mit einem Spatel vermengt.
- Wenn alle Zutaten untergemischt sind, knetet ihr den Teig mit den Fingern.

TIPP

Falls euch der Teig noch zu krümelig erscheint, könnt ihr einen Tropfen Wasser hinzufügen, bevor ihr ihn weiterknetet. Der Teig sollte eine weiche Konsistenz haben.

- Formt aus dem entstandenen Teig Klöße mit einem Durchmesser von etwa 2 cm.
- In einem Topf bringt ihr Wasser zum Kochen und taucht die Dangos hinein. Nehmt sie wieder raus, sobald sie an die Oberfläche kommen, und legt sie in eine Schüssel mit Eiswasser.
- Bereitet nun die Bohnensuppe in einem Topf zu, indem ihr das Anko mit 7,5 cl Wasser verdünnt und das Ganze zum Kochen bringt.
- Gießt dann die Suppe in eine Schüssel und legt die Shiratama Dango hinein.

Euer Zenzai ist fertig und kann nach Belieben warm oder abgekühlt gegessen werden.

ZUTATENVERZEICHNIS

A
Agar-Agar 126
Anis 32
Anko 110, 118 , 126, 142, 162
Aonori 58, 63, 81, 104
Aubergine 86
Azukibohnen 110

B
Backhefe 36, 51, 130, 142
Backpulver 158
Bambussprossen 17
Basilikum, rot 90
Bonito, getrocknet 17, 81, 98, 104
Butter 122, 142, 148, 158

C
Chashu 17, 40
Currypulver, japanisch, scharf und gepresst 32

D
Daikon-Rettich 94
Dashi 104
Dashi-Brühe 17, 40, 98, 104

E
Ei 17, 76, 82, 86, 90, 104, 122, 148, 158
Eiscreme (lila Süßkartoffel/Orange/rote Früchte) 140, 156
Eiswaffel 156
Eiswürfel 17, 82, 87
Ente 44
Erdbeere 158
Erdbeersirup 114

F
Fünf-Gewürze-Pulver 44

G
Garnele 86
Geräucherte Paprika (Pulver) 58

H
Honig 26, 44, 65, 136
Huhn (Schenkel) 32
Hühnerbrühe 17

K
Kabeljau 82, 90
Kanten-Pulver 126
Karotte 32
Kartoffel 32, 58, 63
Ketchup 107
Kinako 122
Kirsche 126
Kiwi 126
Klebreismehl 114, 118, 126, 140, 142, 152, 162
Knoblauch 17, 26, 32, 36, 44, 51, 58, 63, 76
Knoblauchpulver 58
Konbu/Kombu 17, 98
Kondensmilch 142, 156
Kopfsalat 26, 44
Krabbenfleisch 76
Kurkuma (Pulver) 32
Kuromitsu-Sirup 126

L
Lachs 90
Lachseier 86
Lauchzwiebel 17, 36, 44, 76, 81, 104
Lebensmittelfarbe (grün) 114
Lebensmittelfarbe (rosa) 90
Lebensmittelfarbe (rot) 82, 114, 126, 148
Limabohnen 152
Lotuswurzel 86

M
Maisstärke 44, 118, 140
Maizena® 44, 140
Makrele 94
Mandelpulver 148
Marzipan (rosa) 126
Mascarpone 158
Matcha-Pulver 114, 136
Mayonnaise, japanisch (Kewpie) 107
Mehl 36, 51, 63, 82, 86, 122, 148, 158
Menma 17, 40

Milch 51, 130, 136, 142, 158
Mini-Gurken 65
Mirin 17, 26, 40, 82, 90, 98
Miso, rot 17, 40
MNG (Mononatriumglutamat) 76
Muscovado-Zucker 126, 136

N
Narutomaki 17, 40, 82, 98
Nori 17, 54, 58, 70, 86, 104

O
Öl, neutral 81, 94, 104, 119

P
Pak-Choi 51
Pfeffer 32, 36, 44, 51, 58
Puderzucker 122, 148

R
Ramen-Nudeln 17, 40
Reisessig 65
Reismehl (nicht klebrig) 104
Reiswein, Shaoxing 36
Rettich (Blue Meat) 65
Rindfleisch (gehackt) 36
Rindfleisch (Rippenstück) 26
Rohrzucker 58
Rote Chilischote 32
Roter Thunfisch (roh) 70
Rundkornreis, japanisch 32, 54, 70, 86, 90, 94

S
Sahne, flüssig (mit Fettgehalt) 156
Sahne, geschlagen (mit Fettgehalt) 158
Sake 17, 40, 76, 94
Salz 32, 36, 44, 58, 63, 65, 76, 82, 86, 90, 98, 104, 110, 122, 148, 152, 158
Salz, grob (ohne Zusätze) 94
Schmetterlingserbsen-Blüten, getrocknet 124, 130
Schwein (Brust) 17, 40
Schwein (Knochen) 17
Seidentofu 114, 118
Sesamöl 17, 26, 40, 44, 51, 90
Sesamsamen, schwarz 65, 90
Sesamsamen, weiß 26, 65
Shichimi-Togarashi-Pulver 58, 98
Shiitake-Pilze 17, 26, 51
Shiroan 152

Shiso 86
Sojasoße 17, 26, 36, 40, 44, 51, 65, 76, 81, 94, 118
Sojasoße, dickflüssig, dunkel 81
Sojasoße, hell 98
Sonnenblumenöl 32, 44, 58, 63, 65, 76, 86, 130
Süßkartoffel 86
Süßkartoffel, lila 51, 156

T
Tahini 65
Tapiokamehl 136
Tintenfisch-Tentakel 104
Tintenfisch-Tinte 81
Tofu, gebraten (Inariage) 70, 98
Tonkotsu-Brühe 17, 40

U
Ube-Pulver 156
Udon-Nudeln 98
Umeboshi 54

V
Vanille (Extrakt/Aroma) 148, 158
Vanilleeis 126
Vanillezucker 158
Vegetarische Austernsoße 51, 81, 107

W
Wakame-Algen 65
Wasabi 63
Weiße Schokolade 158
Weiße Zwiebel 26, 32
Weißer Reis 76
Weizenmehl 104, 130, 142
Worcestershire-Soße 81, 107

Y
Yakisoba-Nudeln 81

Z
Zartbitterschokolade 32, 142, 158
Zucker 17, 36, 51, 81, 90, 98, 107, 110, 114, 118, 124, 126, 130, 142, 152, 158, 162
Zucker, braun 17, 40
Zwiebel, gelb 17

DANKSAGUNG VON SANAE

Ich danke meiner Agentur Bolt Influence, insbesondere meiner Agentin Laura Couso, und meinem Verlag HUGINN & MUNINN, die mit Leidenschaft an meiner Seite an der Erstellung dieses Buches gearbeitet haben; meinen Freunden, die mich immer bei der Verwirklichung all meiner Ideen begleiten; meiner Familie, die mich immer wieder ermutigt hat, meinen Leidenschaften zu folgen; meinen Abonnenten und allen, die mich bei der Verwirklichung meiner Projekte unterstützt haben; und natürlich meinen Senseis, die mir die Liebe zum Kochen und zu guten, stärkenden Gerichten vermittelt haben: meinen Großmüttern, die mich immer noch mit ihrem Wissen und der Wärme inspirieren, die sie in alles einfließen lassen, was sie kreieren.

Der Verlag Huginn & Muninn bedankt sich bei den Teams von TV TOKYO, Shueisha und Mediatoon Licensing, die dieses Buch unterstützt haben.

Vielen Dank auch an Laure und Agathe von Éditions de La Martinière für ihre Unterstützung.